紫檀

把玩艺术

何 悦 张晨光◎编著

把玩艺术系列

中国出版集团
现代出版社

U0667756

图书在版编目（CIP）数据

紫檀把玩艺术 / 何悦，张晨光著.—北京：现
代出版社，2013.7
ISBN 978－7－5143－1582－0

Ⅰ.①紫…　Ⅱ.①何…②张…　Ⅲ.①紫檀－木制品一收
藏－中国　Ⅳ.①G894

中国版本图书馆CIP数据核字（2013）第160919号

著　　者	何　悦　张晨光
责任编辑	杨学庆
出版发行	现代出版社
通讯地址	北京市安定门外安华里504号
邮政编码	100011
电　　话	010-64267325　64245264（传真）
网　　址	www.1980xd.com
电子邮箱	xiandai@cnpitc.com.cn
印　　刷	北京瑞禾彩色印刷有限公司
开　　本	880mm×1230mm　1/32
印　　张	4.625
版　　次	2013年8月第1版　2013年12月第2次印刷
书　　号	ISBN 978－7－5143－1582－0
定　　价	37.00元

序言

　　著名红木家具专家周默先生在《紫檀》一书中曾经这样感慨地说道："在中国家具文明史中，没有任何一种家具像紫檀及紫檀家具那样独领风骚五百年而仍为翘楚，也没有任何一种木材及家具像紫檀及紫檀家具那样富有神话般的传说与争论。沉浸在紫檀特有的历史与文化之中的专家学者及收藏家，也为这些神话与争论所困。为紫檀所迷的追逐者，更是雾里看花，不知庐山真面目。"

　　这种说法可谓持平之论。

　　明代家具研究大家王世襄先生将紫檀誉为"木中之王"。的确，在古代，紫檀是帝王将相、富商巨贾用来做家具器物的一种最好也是最贵的

小叶檀雕龙大画案

硬木。当时，紫檀的价格要远远超过黄花梨。有一对清中期时在广东打造的紫檀顶箱大柜，柜门内刻有铭文款识："大清乾隆岁在乙巳秋月制于广东顺德县署，计工料共费银三百余两，鹤庵冯氏识。"要知道，当时一个县令的月薪才不到六两银子，而区区一个柜子，居然耗资高达三百多两，由此可见紫檀价值之昂贵！

　　在古汉语中，"檀"可释作坚韧的木材。汉代许慎编著的《说文解字》云："檀，强刃之木。刃，今韧字。"因此，从单纯的字面意思来看，紫檀指的是一种紫色、坚韧的木材。中国人历来认为紫色祥瑞。

紫檀
把玩艺术

比如常说的"紫气东来",原指老子西出函谷关,关令尹喜见有紫气从东而来,知道将有圣人驾临,便恭请老子写了千古名篇《道德经》。明清时代,皇宫(即现在的故宫)被称为"紫禁城",由此可见紫色在中国文化中的地位。

笔者对于紫檀的认识和了解,很多都是来自近代收藏家赵汝珍《古玩指南全编·第二十九章·木器》中有关紫檀的论述:

小叶檀琴几

紫檀,世界木料之最贵者,厥为紫檀。在五年前,物价正常之时,每斤粗料即需三元上下。今则原料久竭,任何高价亦无处可得矣。(按:紫檀为常绿亚乔木,产于热带。高五六丈,叶为复叶,花蝶形,实有翼,其材色赤,质甚坚重,故入水而沉。查世界之热带国,为数甚多。但出产紫檀之热带,只有南洋群岛。)在明代皇家用木,初时由本国之南部采办,以后因木料之不足,遂派人赴南洋各地采办。嗣后遂成定例，每年派官吏赴南洋采伐，终明之世此制未息。且采伐之木，系备用，而非现用。因此南洋群岛所产之佳木，完全采取净尽，而尤以紫檀为甚。凡可成器者，无不捆载以来。辛之全世所产之紫檀，百分之百汇集于北京。清代所用之紫檀材料，均为明时采取者。即清末，宫中尚存有明代之紫檀原料，洪宪时始全数用之。清时虽有时由南洋采来新料，然均粗不盈握，曲节不直，多不适用。盖紫檀难畏，非数百年不能成材。明代采伐殆尽，清时尚未复生，来源枯竭，亦紫檀为世所宝之一要因也。且欧美人之重视紫檀，较吾国尤甚，以为紫檀绝无大木，仅可为小巧器物。拿破仑墓前，有五寸长之紫檀棺材模型，参观者无不惊慕。及至西洋人来北京后，见有种种之大式器物，始如紫檀之精英尽聚于北京，遂多方收买运送回国。现在欧美之紫檀器物，皆由北京运去者。其收买之法，并不收买成物，盖运输困难且陈列木适，仅收买柜门、箱面、桌面之有花纹者。运回之后，装安木框，用为陈设之用。现今市上改装之木器，皆此项所遗也。（按：紫檀质纹极细密、坚硬，其他木料绝不能伪充，鉴别至易，无待解说。）惟与之同类者，尚有檀香一种。（按：檀香为常绿灌木，产我国之广东、云南等处，叶为长卵形，段尖无花瓣，萼裂为四片，实为核果。其木坚重、清香，有黄白二种，多用为香料或制成扇骨、小匣等物。与紫檀完全不同，切不可混为一物也。）

起初，笔者对于文中的许多说法信以为真。但随着时间的推移和认识的逐渐深入，笔者发现上面的很多说法都存在着不少缺陷，甚至是完全的谬误，如"紫檀绝迹论…南洋产地论""紫檀无大木论""紫檀与檀香同类论"等——更让人担心的是，这些似是而非的说法不仅没有绝迹，反而依然大行其道地出现在紫檀消费者、收藏者、生产厂家乃至某些专家学者的访谈或者论著中。

看来，美国前总统肯尼迪的这句话说得很好："真理的最

小叶檀中堂

大敌人往往并不是故意编造的谎言，而是肆期流传的似是而非的神话。"而要想认识真理，就必须打破这些"长期流传的似是而非的神话"——这也正是笔者创作本书的最初缘由。

在本书中，读者将会跟着我们对紫檀进行一番回溯式的探究，深入了解它的历电渊源、诱人魅力和高昂价值的内住原因，并对某些长期流传的错误认识加以辨析。不仅如此，阅读本书，读者还将对当前紫檀市场的趋势有一个基本的了解和把握，从而为您的收藏乃至投资提供一个有益的参考。

紫檀
把玩艺术

目录

壹 · 源流篇：紫檀简史　1

第一节　风华初现 / 1

　一、"琵琶声送紫檀槽" / 2

　二、宫廷之物 / 4

　三、紫檀宫殿 / 6

　四、皇家宠物 / 7

第二节　黄金年代 / 9

　一、手工业的高度发展 / 9

　二、皇家工坊——御用监 / 10

　三、崇祯皇帝禁用紫檀之谜 / 11

第三节　盛极而衰 / 13

　一、御用首选 / 13

　二、造办处的紫檀家具制作 / 15

　三、紫檀家具制作档案 / 16

　四、消耗殆尽 / 21

　　Tips：中国古代诗词中的紫檀 / 24

贰 · 种类篇：何为紫檀　29

第一节　檀香紫檀才是真正的紫檀 / 29

　一、紫檀只有一种 / 30

　二、紫檀木和花梨木的区别 / 31

第二节　紫檀的分类 / 33

　一、按照紫檀木的花纹进行分类 / 33

二、按照紫檀木的心材表面分类 / 36

三、细谈金星紫檀 / 38

第三节　此"檀"实非檀 / 41

一、大叶紫檀 / 41

二、紫光檀 / 44

三、黑檀 / 45

四、红檀 / 46

五、绿檀 / 47

六、黑紫檀 / 47

七、科檀 / 48

Tips：紫檀四辨 / 49

叁·形制篇：紫檀家具与工艺　53

第一节　紫檀家具 / 53

一、床榻类 / 54

二、椅凳类 / 56

三、桌案类 / 60

四、橱柜类 / 62

五、屏风类 / 65

六、台架类 / 66

第二节　家具制作流程 / 69

一、选料 / 70

二、开料、烘干讲究多 / 70

三、榫卯和拼板 / 71

四、雕刻 / 71

五、组装和刮磨、细磨 / 72

六、打蜡 / 72

第三节　手串制作流程 / 73

一、选料 / 73

二、开料 / 73

三、上车床 / 73

四、上内圆车刀出珠 / 74

五、打眼 / 74

六、抛光 / 74

七、串绳 / 74

Tips:《红木》国家标准 GB/T 18107—2000(关于紫檀部分摘录) / 75

肆·辨伪篇：紫檀选购　87

第一节　紫檀家具选购 / 87

一、选购要点 / 88

二、预防销售陷阱 / 91

第二节　紫檀小件选购 / 99

一、插屏如意价值高 / 99

二、紫檀文房受追捧 / 101

三、佛教雕像潜力大 / 106

四、紫檀小件巧选购 / 107

第三节　紫檀手串选购 / 108

一、材质是否为紫檀 / 108

二、珠子是否为正圆 / 108

三、珠孔是否在中心 / 108

四、是否契合实际需要 / 109

紫檀
把玩艺术

五、是否带有金星 / 109

六、选择适当的配珠 / 109

Tips：佛珠的种类、数目及含义 / 110

伍·养护篇：紫檀保养　117

第一节　紫檀家具的保养 / 117

一、尽量避免碰撞 / 118

二、避免外观损伤 / 118

三、常用方能常新 / 119

四、不要放在过于干燥或潮湿的地方 / 119

五、尽量避免阳光暴晒 / 120

六、避免家具变形 / 120

第二节　紫檀手串的保养 / 122

一、用干净柔软的棉布盘 / 123

二、千万不要过于用力 / 123

三、尽量不要用汗手触碰 / 124

四、远离酒精 / 124

第三节　佛珠 DIY 篇 / 126

一、三通的穿法 / 126

二、佛珠手链的打结 / 128

Tips1：高档木材分类表 / 130

Tips2：《雍亲王题书堂深居图屏》中的古典家
具 / 133

壹

源流篇：
紫檀简史

"工欲善其事，必先利其器"。中国的传统家具，是能工巧匠的巧手妙思与优美材质相得益彰的产物。而紫檀作为中国古典家具中首屈一指的良材，更是被人们珍而视之，被誉为"木中帝王"。

第一节　风华初现

目前所知，我国古代最早关于"紫檀"的明确记载，始于东汉末期。晋代崔豹《古今注》注："紫楠木，出扶南，色紫，亦谓之紫檀。"这是我国古代有关认识和使用紫檀木记载的开始。随着紫檀名称的出现，在此后历代的史书、笔记、诗歌、药典等典籍中，均可见关于紫檀的记载。

需要注意的是，这些紫檀与我们现在通常所

小叶檀写字台

说的紫檀是否为同一木种，由于相关资料的匮乏，现在谁也说不清楚了。然而，有一点我们可以肯定：紫檀历来价格高昂，居各木之首，堪称"木中帝王"。

一、"琵琶声送紫檀槽"

"紫檀"名称虽然早就见诸晋代文献，但有关以紫檀木打造器物的记载却是始于唐代。

自此以后，从宫廷到民间，紫檀的无限魅力蔚然形成一种文化情结。紫檀兼具色、香、形三者之妙，真是天赐之宝物。中国人以这样的宝物做成他们生命中最珍视的对象，如以其为佛像，为神物，为琴，为棋，为佩戴，到后来制作成最珍贵的家居陈设。紫檀由印度传入我国，与佛教传入中土的途径正相合，故中国人对紫檀还有一种说不出的精神寄托，在中国有大量的与紫檀相关的神话传说。所以，史料中记载紫檀常常强调它的神秘性。紫檀就这样与中国人的精神生活有机地融为了一体。

如紫檀琵琶，我国古人有"尺八调悲银字管，琵琶声送紫檀槽"的说法。唐人张籍《宫词》写一个女子执紫檀琵琶弹拨的场面："黄金捍拨紫檀槽，弦索初张调更高。尽理昨来新上曲，内官帘外送樱桃。"唐和凝《宫词》也写道："金鸾双立紫檀槽，暖殿无风韵自高。含笑试弹红蕊调，君王宣赐酪樱桃。"所写的就是以紫檀为捍拨的琵琶。

唐·紫檀木画槽琵琶

孟浩然《凉州词》是一首送别诗，其中也涉及紫檀琵琶，诗中通过描述紫檀的纹理，写诗人绵绵缠绕的思念。诗云："浑成紫檀金屑文，作得琵琶声入云。胡地迢迢三万里，那堪马上送明君。"颇有思致。据说，运用紫檀制作的琵琶传出的声音格外动人，人们曾用"紫檀敲寒玉，绿袍飘败荷"来形容它的奇妙声音。

　　宋词中也多涉及紫檀琵琶，描写则更加细腻。欧阳修有一首《木兰花》词，写一女子弹琵琶的神态："春葱指甲轻拢捻，五彩条垂双袖卷。雪香浓透紫檀槽，胡语急随红玉腕。""雪香"指女子肌肤的色和香，紫檀微紫的颜色和女子如雪的肌肤形成微妙的关系，紫檀的香味与女子的体香相互氤氲，别有一种韵味。宋人曾觌《定风波》词中说："捍拨金泥雅制新，紫檀槽映小腰身。"也着意于弹琵琶女子与紫檀相映的风采。

　　宋词大家吴文英《杏花天》词写道：

蛮姜豆蔻相思味，算却在、春风舌底。江清爱与消残醉，悴憔文园病起。

停嘶骑、歌眉送意，记晓色、东城梦里。紫檀晕浅香波细，肠断垂杨小市。

词的上半阕写一个相思人，以酒消愁，他思念一位萍水相逢的女子。下半阕就写那

唐·紫檀槽琵琶

次萍水相逢的经历。"紫檀晕浅香波细"，写紫檀，也是在写女子曼妙的姿容。那是一处偏僻的街道，词人停下马来，走进小楼，小楼里，一个女子轻拨紫檀槽，女子的美色和琴声的悠扬，使他不忍离去……

从现存的实物来看，今天在日本正仓院所藏的唐代文物中，就有一件螺钿紫檀五弦琵琶琴，这件紫檀五弦琵琶琴，为上述诗文中的记载提供了确切的证据。

二、宫廷之物

唐时紫檀的使用颇广，如以紫檀制作棋盘、香炉，等等，就是宫中的藏书，往往也有用上紫檀的。如唐王锴《上蜀主奏记》云："集贤所写，则御书也。分为四部……经库书白牙轴黄带红牙签，史库书青牙轴缥带青牙签，子库书紫檀轴紫带碧牙签，集库书绿牙轴朱带白牙签，以为分别，以大学士专掌之。"由此可知，唐代内府里书库的"子库"中，就有用紫檀木雕成的书轴。另外，《南村辍耕录》里也记载了唐代开元时以紫檀木作书画轴头的史实："唐贞观开元年间，人主崇尚文雅，其书画皆用紫龙绀绫为表，绿文纹绫为里，紫檀云头杵轴……"

而在明代文人李栩所著的《戒庵老人漫笔》里，记载了一则唐代女皇武则天为其宠禽打造紫檀棺材的典故，则非常生动地说明了这一点：

武则天画像

唐武后畜一白鹦鹉，名雪衣，性灵慧，能诵心经一卷。后爱之，贮以金笼，不离左右。一日戏曰："能作偶求脱，当放出笼。"

雪衣若喜跃状，须臾朗吟曰："憔悴秋翎以秃衿，别来陇树岁时深。开笼若放雪衣女，常念南无观世音。"

后喜，即为启笼。居数日，立化于玉球纽上。

后悲悯，以紫檀作棺，葬于后苑。

不仅如此，紫檀奇异的香味，也被附着上宗教的庄严色彩。佛国为香界，紫檀正当其选。故唐代以来，中土佛界常以紫檀来制作小佛像，以表敬心。唐代高僧玄奘大师的弟子——辩机所撰的《大唐西域记赞》中描写玄奘大师西去天竺取经，其中经过一座城池：

城内故宫中有大精舍，高六十余尺，有刻檀佛像，上悬石盖，邬陀衍那王之所造也。昔如来在忉利天经夏为母说法，王思慕，及请目连将巧工升天观佛尊颜容止，还以紫檀雕刻以像真容，世尊下来时，像迎佛，即此也。

紫檀佛像给取经者留下深刻印象。唐代开始，中土也有以紫檀做成佛像来敬奉的。

玄奘负箧图

紫檀
把玩艺术

5

此外，紫檀还可以作为染料来使用。印度将紫檀素提炼出来作为染料，这些染料曾出口欧洲。其实，在中国也有以紫檀来做染料的，应当也是受到了印度的影响。如唐代诗人曹松在《青龙寺赠云颢法师》中写道：

> 紫檀衣且香，春殿日尤长。
>
> 此地开新讲，何山锁旧房。
>
> 僧名喧北阙，师印续南方。
>
> 莫惜青莲喻，秦人听未忘。

北宋李诫《营造法式》）则这样记载："若画松文，即身内通用土黄，先以墨笔界画，次以紫檀间刷，其紫檀用深墨合土朱，令紫色。心内用墨点节。棋、梁等下面用合朱通刷，又有于丹地内用墨或紫檀点簇毯文与松文名件相杂者，谓之卓柏装。"

三、紫檀宫殿

在元代，大航海家——亦黑迷失从印度南部购进了大量的紫檀木原料，为元朝打造宫室之用，元代宫廷中的紫檀殿就是用紫檀木为建筑材料建成的，元世祖忽必烈经常在紫檀殿商讨国是，接待外宾，他最后也在这里寿终正寝。

据史书记载，紫檀殿位于大明寝殿的西侧，"大明殿为登极、正旦、寿节会朝之正衙。寝殿后连香阁，文思殿在寝殿东，紫檀殿在寝殿西"。而陶宗仪的《南村辍耕录》对紫檀殿的记载最为详

忽必烈画像

细具体。"文思殿在大明寝殿东，三间，前后轩，东西三十五尺，深七十二尺。紫檀殿在大明寝殿西，制度如文思，皆以紫檀香木为之，镂花龙涎香，间白玉饰壁，草色氍毹绿，其皮为地衣。"从陶氏所记可知紫檀殿的装修极为讲究，陶氏文中记载紫檀殿的"制度如文思"，说明紫檀殿的尺寸与大明寝殿东侧的文思殿一样，东西长三十五尺，南北深七十二尺。

此外，元代宫廷之中延春阁的紫檀御榻也是我国古代有明确记载的第一次出现的紫檀坐具。亦黑迷失下西南洋带回紫檀木，也成为有信史记载的我国古代第一位将紫檀木带回宫廷的中国历史人物，比明永乐时的郑和下西洋早了一个世纪。

小叶檀西番莲半桌

不过，让人遗憾的是，元朝覆亡之后，元朝皇宫中的多数建筑遭到拆毁，紫檀殿及元朝宫苑里的紫檀家具器用也未能幸免，一同湮没在历史的风尘中。好在今天我们还能从文献资料中得知当年元代的宫殿里曾存在过一座构思奇巧、工精料细的紫檀殿及紫檀家具器用等，这些记载将中国古代宫廷中使用紫檀的历史向前推进了一步。

四、皇家宠物

到了明朝，紫檀才真正成为皇家的宠物。由于海上交通的发展与郑和下西洋，沟通了与南洋各国的贸易和文化交流。各国在与中国的贸易交往中，也时常有一定数量的名贵木材，其中就包括紫檀木。

小叶檀翘头案

不过，这对中国庞大的统治集团来说，不啻杯水车薪，远远满足不了需要。在这种情况下，明朝政府又开始派官吏远赴南洋采办。随后，私商贩运也应运而生。到明朝末年，南洋各地的优质木材也基本采伐殆尽，尤其是紫檀，几乎全被捆载而来。国内生长的为数不多的紫檀很快也被砍伐一空。

截止到明末清初，世界上所产紫檀木大多汇集于中国。清代所用紫檀木全部为明代所采。据赵汝珍《古玩指南》记载，清代也曾派人到南洋采过紫檀木，但大多"粗不盈握，曲节不直"，根本无法使用。

第二节　黄金年代

一、手工业的高度发展

明代是中国古典家具艺术发展的黄金阶段。明代建国之初，面对百废待举的现实，明朝中央政府采取一系列有利于发展生产的措施，奖励农耕垦荒，移民屯田，兴修水利，大力鼓励农民种植桑、棉、漆、桐，使农业生产很快得到恢复，调动了农民的积极性。此外，还大力发展手工业的生产。

明太祖画像

元代统治者将手工业者视为"工奴"，将手工业者划归为"匠户"，凡划为"匠户"的手工业者不得改业。明代以降，解除了元朝时期对手工业者的人身限制，将全国居民分为"民户…'军户…'匠户"三类。其中被称为"匠户"的手工业者不仅可以自制产品出售，而且可以请求改业，或农或商不受限制。这些措施提高了手工业者的生产和创造的积极性，为手工业的发展提供

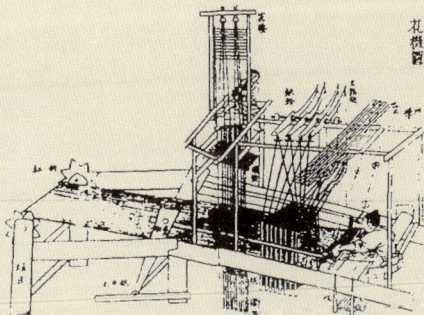

《天工开物》中的插图

9

了条件。所以，明代的陶瓷、漆器、纺织等手工业，均得到了长足地发展，并产生了我国古代最著名的百科全书《天工开物》和一些园艺、工艺等方面的专著，如《园冶》《髹饰录》《鲁班经》等书籍。

二、皇家工坊——御用监

明代宫廷中出现专门掌管皇家家具制作的机构——御用监，其中宫廷所用的紫檀器用即为御用监所作：

御用监，掌印太监一员，里外监把总二员，典簿、掌司、写字、监工无定员。凡御前所用围屏、床榻诸木器，及紫檀、象牙、乌木、螺钿诸玩器，皆造办之。

明·紫檀百宝箱

另外，据杨士聪所著的《玉堂荟记》记载，明思宗崇祯帝的袁贵妃曾花高价令人制作一件紫檀纱橱：

袁妃近作一紫檀纱橱，费七百金，其管事内珰奏曰：奴婢为娘娘节省三百金，如万岁临问，宜云千金，不可言少，恐照样再作，便作不来。后上见之，果问，妃对言千金，上细视良久曰："果值千金，前中宫以千金作一橱，尚不及此。盖宫中费用，大略如此。"

一件贵妃所用的紫檀纱橱，竟耗费白银七百两，可知，在当时的明代宫廷里，紫檀家具的制作成本是相当高的。

三、崇祯皇帝禁用紫檀之谜

紫檀器用的大量流行，是明代后期社会经济发展、民间争奇斗富、浮华之风盛行的一个重要表现，这种以紫檀家具器用为尚的浮奢风气引起了崇尚节俭的明思宗崇祯帝的警觉和不满，崇祯帝在位时，正是兵患频仍、大明江山风雨飘摇之际，崇祯帝特下谕旨杜绝铺张浪费，禁止民间使用紫檀器用。

明·紫檀药师佛

《崇祯长编》卷一记载，明崇祯帝于崇祯十六年癸未十月，谕礼部："迩来兵革频仍，灾稷叠见，内外大小臣工士庶等，全无省惕，奢侈相高，僭越王章，暴殄天物，朕甚恶之！……器具不许用螺钿紫檀花梨等物，及铸造金银杯盘。在外抚按提学官大张榜示，严加禁约，违者参处。娼优胥隶，加等究治。"

崇祯帝画像

从上述记载可知，明代随着社会经济的发展，以紫檀打造的家具器用，成为当时社会上富有阶层追求的目标，皇亲国戚、达官显贵、江南一带的富户人家纷纷以紫檀家具器用装

紫檀 把玩艺术

11

明末·紫檀雕瘿根笔筒

点门面，争奢斗富，以至于明代末叶，崇祯帝深感国势衰微，兵祸频仍，对于民间争奇夸富之风严加训诫，尚俭抑奢，甚至下谕旨禁止民间使用紫檀、花梨等物，而这从另一层面也反映出当时紫檀家具器用已经在社会的富有阶层广为流行的不争事实。

第三节　盛极而衰

在中国家具发展史上，真正大规模使用紫檀制作家具是在清代，同时，伴随这种木材的大量使用，古典家具工艺也发展到了顶峰。如果说明式家具是以造型简洁取胜的话，那么清式家具更注重人为的雕刻与修饰。

入清以后，由于顺治、康熙、雍正、乾隆等几代帝王孜孜不倦的努力，至清中期社会经济空前繁荣，国库充盈。于是，清朝统治者可以拿出足够的资金用来满足各种纸醉金迷的生活开销，无论是金银珠宝、生活用品等都是极尽奢靡，而作为日常起居不可或缺的家具也不例外。

清·紫檀拜匣

清中期·紫檀万代祥云架（一对）

此展示架由紫檀制成，波浪形顶，中间为"卍"字纹缠绕绶带。四柱光素，由顶部落下飘逸绶带，缠绕于柱身，绶带纹理流畅柔美，柱础镂雕卷草纹翼。架底板为镂雕图案，浅边上饰灵芝云纹牙板，下翻牙板图案亦同。整体器型古朴雅致，线条优美流畅，透雕曲线柔和，纹饰精美，用料精良，兼具装饰性和实用性于一身，为室内陈设器。

一、御用首选

由于此时版图辽阔，对外贸易日渐频

清乾隆紫檀嵌百宝挂屏

百宝嵌挂屏始于明代，因集各种名贵材质、工艺于一身，"其费心思工本，为一代之绝"，甚受皇室喜爱，成为明清宫廷重要的装饰物品。此件挂屏呈长方形，镶紫檀木为框，刻云纹及连珠纹为饰，挂屏画面糊黄漆地，上部作五色雕漆工艺，各式精美花纹拱卫中心"寿"字，主题鲜明而突出。选用材质丰富，瓷、玉、玛瑙、象牙、紫檀、掐丝珐琅等应有尽有，传递着竹报平安、多子多福、五谷丰登等美好心愿，又有玉璧、香炉等文玩小品，现大体雍容华贵，窥小处精致细腻，成为清代宫廷艺术之集大成者。

繁，南洋地区的优质木材源源不断地流入境内，为清代家具制作提供了充足的原材料；同时，清初手工艺技艺突飞猛进的发展和统治者好大喜功的心态对清代紫檀家具的制作也起到了推波助澜的作用。

从清初至清中期，许多明朝时难得的珍稀之物汇集宫中，如新疆玉，缅甸翠，海中的珊瑚、砗磲，远道的犀角象牙，还有西洋的玻璃、镜子等，这些珍宝都需一种色泽沉静的木料来衬托，而紫檀木因其独特的属性尤为帝王之家所看重。此时，西方正值文艺复兴后的路易十四、路易十五时期，巴洛克和洛可可风格大行其道，影响遍及欧美。而巴洛克那种典型的精雕细琢及镶金嵌银的工艺风格，也影响正在发展中的清代宫廷家具，这种工艺风格所需的木材正是纹理沉穆、质地坚好的紫檀。

　　同时，清代统治者的精神需求也让紫檀家具在宫廷中盛行成为必然。清代是中国皇权制度登峰造极的时期，宫廷礼法森严，规制繁多，清代帝王才具虽有高下之分，但大都属于做事严谨、安于守成之人，因而对于琐事小节都非常重视，并与明代一些帝王喜好玩乐的心态形成了极为显著的反差。而紫檀那种不喧不躁、稳重沉穆的特性恰恰迎合了清代帝王的心理需求，因此清代皇室对于紫檀格外看重也就并不意外了。

二、造办处的紫檀家具制作

　　清代宫廷紫檀家具主要流行于京师的紫禁城中，当时清宫内务府造办处汇聚了来自全国各地的能工巧匠，其中的"广木作"和"油木作"专门承做宫廷家具。"广木作"的匠师来自岭南地区，他们的制作风格是用料粗硕、精雕细刻，最终形成了后世所谓的"广作家具"；而来自苏州地区的匠师则集中于造办处的"木作"或"油木作"中，他们惜料如金，讲求做工精巧，这也是后世所谓的"苏作家具"的滥觞。

　　两地的匠师结合了各自不同的风格特点，特别是在紫檀家具制作上取长补短、推陈出新，巧妙地从皇家收藏

清乾隆·紫檀绳纹呈盘
此呈盘仿战国青铜器而制、雕工完美，惟妙惟肖。盘子底部饰以绳纹，绳纹源于青铜器，清代宫廷家具亦大量采用并加以创新，反映出皇家追慕古人，但又不拘泥于古人的心态。

的青铜礼器及玉器上汲取创作元素，并借鉴了广式家具的西洋纹饰，为了彰显皇家的富丽堂皇，有的紫檀家具还镶嵌玉石、珐琅、象牙、螺钿及各色名贵材质，创造出了专供皇家的京式风格紫檀家具。

三、紫檀家具制作档案

从历史档案记载来看，清代统治者为了满足自己的家居生活需要，从印度购进了大量的紫檀木材，笔者根据乾隆元年至乾隆六十年内务府造办处档案记载，统计出乾隆朝时内务府造办处购进的紫檀木总数量是 700505 斤，而从乾隆元年开始至乾隆六十年里，内务府造办处共用去紫檀木 501949 斤。上述数据虽然个别年份的紫檀木资料尚属阙疑，有待日后进一步考证，但也大致反映出了乾隆一朝紫檀木材的购进及使用状况。由此不难看出，乾隆时期紫檀木的购进及使用数量是相当巨大的。

清宫内务府造办处巨资购进大量的紫檀木材，这批紫檀木材究竟用在了什么地方？乾隆内务府造办处的《活计档》和《工料银两档》对此进行了详细的记载。例如乾隆二十五年

清·紫檀有束腰拐子纹方桌

这件方桌是清代方桌的标准制式，束腰、回纹方马蹄。与明式方桌不同的是：用短料攒接的拐子纹顶牙帐替代了直帐或罗锅帐，使桌子重心更高。拐子是清式家具常用的装饰手法，运用得当者非常别致。

造办处《工料银两档》中的相关记载，就可以让我们对乾隆一朝内务府造办处紫檀木材的使用情况窥察一斑：

乾隆二十五年二月二十日，木作为做紫檀香几一件，四德领工银五十八两，紫檀木七百二十三斤。

三月十四日，木作为做紫檀木案，巴克坦领工银十二两，紫檀木六百一十五斤。

三月十九日，木作为做紫檀木香几一对，双住领紫檀木一百五十三斤，花楠木见方尺二寸八分。

四月初八日，广木作为做塔龛……李文照领紫檀木一千五百斤。

五月二十二日，木作为做玻璃挂屏，段六领紫檀木二百四十八斤。

五月二十四日，广木作为做紫檀木古玩座架盒匣等，舒明阿领紫檀木一千斤。

六月二十九日，广木作为做紫檀木塔龛一座，舒明阿领紫檀木两千斤，工银六百五十两。

七月十一日，广木作为做长高紫檀木塔龛一座，李文照领紫檀木三百斤，工银三百五十两。

八月十四日，木作为做满达香几一件，巴克坦领工银五两，紫檀木六十斤。

十月二十七日，如意馆为做插屏，安太领紫檀木二百六十斤，粗白布四尺。

十一月二十一日，木作为做玻璃挂对一副，巴克坦领紫檀木六十六斤。

十一月二十一日，木作为做鼎座一件，巴克坦

紫檀 把玩艺术

领紫檀木八十九斤。

十一月二十二日，广木作为做文雅龛二座，舒明阿领紫檀木五十斤，工银三十三两。

十一月二十五日，广木作为做紫檀木文雅龛四座，舒明阿领工银四十九两，紫檀木一百斤。

十一月二十五日，广木作为做重檐亭式龛，舒明阿领工银二百两，紫檀木五百斤。

十一月二十六日，木作为做紫檀木五屏风一座，强涌领工银六两七钱，紫檀木二百四十七斤。

十一月二十九日，木作为做紫檀木挂屏，巴克坦领工银五两七钱，紫檀木七十八斤。

十一月二十九日，木作为做紫檀木玻璃挂屏，巴克坦领工银二十七两，紫檀木二百五十斤。

十一月二十九日，木作为作紫檀木挂屏，巴克坦领紫檀木七十二斤。

十二月十二日，木作为做紫檀木香几，海升领工银二十三两，紫檀木二百九十四斤。木作为做瓷插屏香几一对，强涌领工银一两五钱，紫檀木一百七十九斤。木作为做挑杆架子一对，强涌领工银三两二钱，紫檀木四十四斤。木作为做满达香几两件，强涌领工银七两八钱，紫檀木一百六十九斤。

……

从以上记载可知，清宫内务府造办处为皇家生产制作了大量紫檀器物，这些紫檀器物的范围很广，有紫檀香几、紫檀大案、紫檀木挂屏、插屏、紫檀佛龛、紫檀古玩架座等，制作家具器用的紫檀木耗用成本也很高，可谓工不厌精，料不厌细。如上面记载中就提道："二月二十日，木作为做紫檀香几一件，四德领工银五十八两，紫檀木七百二十三斤。""六月二十九日，广木为做紫檀木塔龛一座，舒明阿领紫檀木两千斤，工银六百五十两。"仅仅制作一件香几，就要用去紫檀木材七百二十三斤，支付工钱五十八两；而制作一件紫檀塔龛，竟用去紫檀木材两千斤，支付工钱高达六百五十两，足见宫廷紫檀家具用料之精细、工艺之精湛、价值之高昂。

而当时紫檀木材价格几何？制作这样的宫廷紫檀家具所需成本又是多少？我们可以从《乾隆三十八年内务府造办处文档》的记载中找到答案。按照当时粤海关册报的价格是"连运价用银六分三厘零"计算，紫檀塔龛共用去紫檀木材两千斤，仅在紫檀原料成本上就要耗费银子一百二十六两，再加上支付的工钱六百五十两，其整体成本高达七百七十六两。如果按照住京采买的价格"一钱七分"进行统计，制作这件紫檀塔龛单木料成本就要花去三百四十两，加上工匠钱总价更

清中期·紫檀有束腰龙纹六方桌

六方桌通常多由两个半桌拼成，整体的较为少见。而此桌是一件非常独特的清式家具，其桌面攒芯装框，束腰开鱼门洞，牙板铲地浮雕双龙纹，三弯腿中间起棱，六腿间装管脚枨、中间设短料攒就的冰绽纹底盘。

清·紫檀无束腰攒拐子花几

这对花几是典型的苏作家具，其造型空灵典雅，清秀婉约，用料不多，于细微之处见精致。花几用细料攒接而成，结构轻盈，无一块多余木料，无一处多余点缀。虽制作于清代，但仍然保持了明式家具的风韵。

插屏以及小作陈设等各类器物。

有趣的是，由于国力强盛，乾隆皇帝几乎配齐了皇宫、行宫、别署、园林所需的全部家具。以致嘉庆之后，造办处基本上不再制作新的家具。

后八国联军侵华劫掠时，宫内家具损失惨重，遂在清末制

清·紫檀呈盘

紫檀木制，四面立墙圆角相接，盘底取紫檀整木，口沿及底足起阳线。此类呈盘为文房用具，上置笔砚等。

是高达一千一百一十六两，足见宫廷紫檀器具制作的不计工料。

据史料记载，乾隆帝喜爱紫檀木，除了大量购进和制作紫檀家具外，更亲自把关设计。当时宫内聚集了应召入宫的广州、苏州、扬州等地能工巧匠，专为乾隆皇帝设计制造屏风、宝座、龙柜、大案、多宝格、桌、椅、挂屏、

作了大批新家具。目前市面上所见的清代紫檀家具，大多是这个时期制作的，乾隆年间制作的紫檀家具极为罕见。在 2012 年中

国嘉德春季拍卖会上成交的 48 件家具中，仅有一件清早期的紫檀家具。

四、消耗殆尽

造办处的工匠们，使用这些名贵的紫檀木为清代皇室生产了大量的紫檀家具和其他生活用品。

清朝中期由于紫檀木的紧缺，皇家还不时从私商手中高价收购紫檀木。清宫造办处活计档案中，几乎每年都有收购紫檀木的记载。这时期逐渐形成一个不成文的规定，不论哪级官吏，只要见到紫檀木，决不放过，悉数买下，上缴给皇家或各地织造机构。这样一来，清中期以后各地私商囤积的木料也全部被收买净尽。据田家青先生《清代家具》研究，"从查阅清宫的资料来看，到乾隆去世时，紫禁城皇家造办处大致上做了不下两千件紫檀家具；宫中的紫檀已所剩无几，自此之后，基本无再动用，直到光绪帝亲政和大婚时，才使用了一批来修缮和制作家具。最后余料，有两种传说：一种是慈禧太后六十大寿时全部用尽；另一种是袁世凯称帝时用尽。"

此笔筒用紫植树根随形制作，纹理蜿蜒，瘿结累累，自然天成；手感沉重，表面曾推生漆处理。经近三百年之风化、把玩，已生玻璃质的光润陈色包浆。紫檀木至清代已大量被宫廷造办处用于制作清宫家具及文玩之器，同时，一些富商大贵之家也多开始使用名贵的紫檀制作家具及文房用品。此件笔筒即为一件，从其铭刻的款识获知，它曾是乾隆年间浙江海盐嘉禾七子之一的枫江湖楼主朱芷（号苙亭）的案头之物。

清·紫檀随形大笔筒

紫檀把玩艺术

清早期·紫檀炕桌

这件紫檀炕桌整体光素质朴，料材踏实厚重，造型规矩简练，淳朴厚拙，方正中见圆顺，平直里显和谐。桌面攒芯装黄花梨木面板，有束腰，牙板与牙边、腿内侧边相连，边沿凸起阳线，牙板每面正中各铲地浮雕如意云头一朵，卷云纹坠角，一坠角有缺损，边沿凸起阳线直至阴刻回纹马蹄足；腿足方料茁壮，委实庄重气派。

应该说，清代对海外紫檀木的采买是带有掠夺性质的，因为当时紫檀木的主要出口地区大多是与我国接壤的东南亚国家，就是我国历史上的所说的"南洋"。清朝虽然曾经实行过"海禁"政策，限制与海外的贸易通商，但是"海禁"政策并非限制与东南亚地区的交易，主要还是针对与西方国家的贸易交流，东南亚地区向中国输入各类名贵的木材并没有受到"海禁"影响。

　　深入探究其中的原因，主要是东南亚各地区本来就与清朝政府存在着传统的藩属关系，除了每年要向清政府大量进贡方物（包括各类优质硬木）外，清代皇室还要四处派遣官员对这些地区进行毫无节制地开采。收购大量紫檀木及其他稀有珍贵的硬木，使南洋地区的已经成材的优质紫檀在很短时期内就被采伐一空，这些被掠夺的宝贵木材，绝大部分都存放在广州、北京等地。

　　17世纪中期以后，当欧洲人陆续登陆到南洋地区，已看不到紫檀木大料了，就连这些少得可怜的紫檀木，在他们眼里也视如拱璧；因为他们从未见过紫檀大料，误认为紫檀无大材，只能用其制作小巧玲珑的小件器物。八国联军等侵略者进驻清朝内廷，见到故宫和圆明园内存放着许多紫檀大料的家具后，叹为观止。之后，通过各种手段将清宫珍藏的紫檀家具，千方百计地运出境外。

可以这样说，现在欧美流传的紫檀器物，很多都是从中国流失出去的。由于运输困难，他们一般不收买整件器物，仅收买柜门、箱面等有花纹者。运回之后安装木框做成陈饰品。

清乾隆·紫檀插屏

仿古之风历代皆有，到了清代乾隆时期达到顶峰。乾隆帝慕古之情浓厚，将青铜器上的纹饰融入瓷器、家具等之中，这些器物许多造型端庄规整，图案纹饰古朴典雅，在追寻着古风古韵的同时，又大胆创新。这件插屏外观与常品不同，细微之处可见精妙。立柱与两侧站牙，看似平淡无奇，实为一木所雕，单从用料上来看，如此不计成本的制作，就非一般器物所能比拟。纹饰采用仿青铜器上纹饰，给人以古朴厚重之感。

Tips：

中国古代诗词中的紫檀

在中国文学中，关于紫檀的诗词很多，其中多和音乐、染料有关。现摘录一些，以飨读者。

《荆南席上咏胡琴妓二首》

唐·王仁裕

红妆齐抱紫檀槽，一抹朱弦四十条。
湘水凌波惭鼓瑟，秦楼明月罢吹箫。
寒敲白玉声偏婉，暖逼黄莺语自娇。
丹禁旧臣来侧耳，骨清神爽似闻韶。

玉纤挑落折冰声，散入秋空韵转清。
二五指中匀塞雁，十三弦上啭春莺。
谱从陶室偷将妙，曲向秦楼写得成。
无限细腰宫里女，就中偏惬楚王情。

这件插屏以整块紫檀料雕制而成。成拐子纹底足，上接立柱，两侧由镂雕螭龙纹站牙直枨固定，底座中间雕刻以拐子龙拉绳卷璧纹装饰的绦环板，两面的披水牙子铲地浮雕拐子纹。正面屏芯以点翠工艺制作，画面生动，颜色淡雅，给人以无与伦比的美感；插屏背面铲地浮雕花鸟纹，技法娴熟，惟妙惟肖，再以暗榫固定，保持了画面完整，既美观又牢固。

清中期·紫檀点翠插屏

《宫词》

唐·张籍

新鹰初放兔犹肥，白日君王在内稀。

薄暮千门临欲锁，红妆飞骑向前归。

黄金捍拨紫檀槽，弦索初张调更高。

尽理昨来新上曲，内官帘外送樱桃。

《玉楼春》

宋·欧阳修

春葱指甲轻拢拈。五彩垂条双袖卷。雪香浓透
紫檀槽，胡语急随红玉腕。当头一曲情何限。入破
铮纵金凤战。百分芳酒祝长春，再拜敛容抬粉面。

《浣溪沙》

宋·晏殊

三月和风满上林。牡丹妖艳直千金。恼人天气
又春阴。为我转回红脸面，向谁分付紫檀心。有情
须瞬酒杯深。

《汉宫春》

宋·张先

红粉苔墙。透新春消息，梅粉先芳。奇葩异卉，
汉家宫额涂黄。何人斗巧，运紫檀、剪出蜂房。应
为是、中央正色，东君别与清香。仙姿自称霓裳。
更孤标俊格，非雪凌霜。黄昏院落，为谁密解罗囊。

银瓶注水，浸数枝、小阁幽窗。春睡起，纤条在手，厌厌宿酒践妆。

《定风波》

宋·曾觌

捍拨金泥雅制新，紫檀槽映小腰身。娅姹雏莺相对语，欣睹。上林花底暖生春。飒飒胡沙飞指下，休讶。一般奇绝称精神。向道曲终多少意，须记。昭阳殿里旧承恩。

《小重山》

宋·张元干

谁向晴窗伴素馨。兰芽初秀发，紫檀心。国香幽艳最情深。歌白雪，只少一张琴。新月冷光侵。醉时花近眼，莫频斟。薛涛笺上楚妃吟。空凝睇，归去梦中寻。

《诉衷情》

宋·晁端礼

锦堂深，兽炉轻喷沈烟。紫檀槽、金泥花面，美人斜抱当筵。挂罗绶、素肌莹玉，近鸾翘、云鬓梳蝉。玉笋轻拢，龙香细抹，凤凰飞出四条弦。碎牙板、烦襟消尽，秋气满庭轩。今宵月、依稀向人，欲斗婵娟。变新声、能翻往事，眼前风景依然。路漫漫、汉妃出塞，夜悄悄、商妇移船。马上愁思，江边怨感，分明都向曲中传。困无力、劝人金盏，须要倒垂莲。
拼沈醉，身世恍然，一梦游仙。

《水调歌头》

宋·侯寘

　　湘水照秋碧，衡岳际天高。绣衣玉节，清晓欢
颂拥旌旄。本是紫庭梁栋，暂借云台耳目，驿传小
游遨。五管与三楚，■爱胜春醪。扫材枪，苏耄倪，
载弓囊。远民流恋，须信寰海待甄陶。坐享龟龄鹤算，
稳佩金鱼玉带，常近赭黄袍。岁岁秋月底，沈醉紫
檀槽。

清乾隆·紫檀雕云龙海水纹玺印盒盖

　　玺印盒为皇帝放置御玺之用。这件盒盖精选上等紫檀木料制成，形制四
方，五面皆满饰云龙海水纹，边缘有浅浮雕"连绵不断"回字纹，与流转的
云龙纹曲直相对；云纹灵动主体，托浮着威猛的五爪正龙居于正中，龙态威
严端庄，少许龙身在转折之处隐匿云间，精雕细琢下，其高浮雕技法炉火纯
青，更将正面腾龙活现，配合浮云飞舞及汹涌激荡之水势，充分表露了至高
无上的皇权与威仪。

紫檀
把玩艺术

27

贰

种类篇：
何为紫檀

关于紫檀，马未都先生曾经说过这样一句话："紫檀是一个文学名称，或者说是社会学名称，与科学无关。科学的名称严谨而不可替换，文学可就浪漫多了。社会学就更加复杂多变，极易被人利用。"这是一句非常精当的评价。

第一节　檀香紫檀才是真正的紫檀

　　紫檀虽然在人们的认识中具有极高的地位，但是就其科学定义而言，可以说是一塌糊涂，各种五花八门的称呼简直让人听得一头雾水，丈二和尚摸不着头脑。查一查最权威的书籍，《中国树木分类学》把紫檀归为豆科或蔷薇木；《辞海》称之为青龙木；《汉语大词典》说得更笼统：常绿乔木，木材坚硬，紫红色，可做贵重家具。紫檀在科学分类中的模糊一点

紫檀提盒

儿也不耽误人们对它的热情，凡对紫檀略知一二的人，谈起来一定眉飞色舞。

紫檀木料

于是，某些有心人就很巧妙地钻了这个空子，并制造出了很多含混不清乃至混淆黑白的"紫檀"品种来。其实，我们通常所说的紫檀是以明清时期宫廷紫檀家具为标准的紫檀，是一望便知具有贵族气的紫檀，是几百年来历朝历代文人墨客歌咏过的紫檀，而不是由于紫檀的名气而衍生出来的替代物种。

一、紫檀只有一种

大叶紫檀木料

让人遗憾的是，今天市场上比比皆是替代物种，名称也煞费苦心。与小叶紫檀对应有大叶紫檀，与海岛紫檀对应有大陆紫檀，与非洲紫檀对应有东南亚紫檀，还有一些稀奇古怪的紫檀，凡是色泽接近，硬度高，分量沉的都跟紫檀攀上亲戚，一些学术机构也频频召开研讨会、论证会标榜紫檀的"新发现"。

那么，究竟用于明清家具制作的紫檀木有多少种呢？

其实，从目前植物分类学或树种分类学、木材解剖学的研究成果来看，明清家具所用的紫檀木只有一种，即《红木》

国家标准中的檀香紫檀，俗称"小叶紫檀"。其余各类檀木则被归纳在草花梨木类中。

二、紫檀木和花梨木的区别

檀香紫檀源于豆科紫檀属，产于印度南部的迈索尔等几个邦。世界上紫檀属的树种约 70 个，檀香紫檀就是其中的一个种。我们平常所说的花梨木全部出自紫檀属。那么，紫檀木和花梨木之间的分界线是什么呢？

海黄根雕笔筒

第一，除了二者同科同属外，紫檀木类的木材结构甚细至细，平均管孔弦向直径不大于 160 微米，木材含水率 12% 时，气干密度大于 1.00 克／立方厘米，心材红紫，久则转为黑紫色。而花梨木类的平均管孔弦向直径不大于 200 微米，木材含水率 12% 时，气干密度大于 0.76 克／立方厘米，木材的心材材色红褐至紫红，常带深色条纹。

第二，除了上述区别，紫檀木类与花梨木类树种及其木材特征还有其他具体界定。

第三，紫檀属中的木材气干密度如果未达到 0.76 克／立方厘米，则不能称为花梨木，而只能称为亚花梨。

因此，根据上述界定，紫檀属 70 个树种中只有檀香紫檀达到了紫檀木类的标准，其余 69 个树种划归花梨木类或亚花梨。

特别值得注意的是，尽管紫檀属中所有树种的中文学名后两个字均为"紫檀"，如"檀香紫檀""印度紫檀""大果紫檀""非洲紫檀""越柬紫檀"等，但是，并非所有带有"紫檀"二字的树种都属于紫檀木类木材，如"印度紫檀"为产于南亚、东南亚、巴新、所罗门群岛的一种花梨木，气干密度0.53～0.94克／立方厘米，其中气干密度超过0.76克／立方厘米可称为花梨木，未超过0.76克／立方厘米则为亚花梨，故与真正的紫檀木相差甚远。

因此，有的明清家具著作中将"印度紫檀"认为是明清家具中所用紫檀，是很不准确的。

越南黄花梨果盒

非洲紫檀木料

第二节　紫檀的分类

在从事紫檀木贸易及紫檀家具制作的具体实践中，习惯上也有一些不同的分类方法，但不一定是准确的、科学的。

一般而言，下面的两种分类方法是最为常用、也最容易让人们产生疑惑的分类方法。

一、按照紫檀木的花纹进行分类

按照紫檀木的花纹进行分类，通常分为如下四类。

1. 金星紫檀

金星紫檀是紫檀木中的上品。

这里所谓的"金星"，指的是这种紫檀木破开后，经打磨，每一个棕眼孔内都会闪烁金星金点。其实所谓的金点，是树木导管纤维间的胶状结晶，其他木材都有，只不过此种木材名贵，被人神化并过分美誉了。金星紫檀的棕眼呈绞丝或"S"纹。侧一角度观察，则呈起伏状的"豆瓣"纹，阳光下似缎子的闪光，十分华美。

金星紫檀的质地细腻光润，色泽紫黑，做成器物，使旧，出"包浆"后，颜色呈暗灰色，古朴沉穆，尤其适用于精雕细刻。因其横竖纹理不明显，横丝"穿枝过梗"，"过桥"都

金星紫檀

站得住，故深受人们喜欢。另外，其质重色深也极适合做金玉古玩的托座，故被宫廷大量使用。

由于质地细坚，金星紫檀还可以制成"响板"等乐器，声清脆坚实，不似金玉胜似金玉，是其他木材代替不了的。还有，金星紫檀的木屑研粉可入药，治疗绝症，是名贵的药材。

2. 牛毛纹紫檀

这种紫檀的导管线弯曲似蟹爬痕迹而被工匠及收藏家称之为"蟹爪纹"，经长期使用存放，其导管线呈灰白色，形似卷曲的牛毛纹，故称"牛毛纹紫檀"，其名贵度仅次于金星紫檀，家具上用的也较多。

牛毛纹紫檀

3. 犀牛角紫檀

犀牛角紫檀，顾名思义，指材质类似犀牛角质感，细腻而少棕眼，用手抚之，润滑犹如婴儿肌肤。犀牛角紫檀的纹理不如鸡血紫檀那样明显，纹路显得细弱，色泽变化也小。这种紫檀一有包浆，真的如犀牛角一般，非常可爱。

犀牛角紫檀

这种紫檀从肉眼观，最不像紫檀。它的特征最难把握，极易被忽略错过。凡是看着像紫檀，又有点像老红木的，可能就是犀牛角紫檀。这种紫檀材料质量好，硬度高，一经打磨，闪着幽幽暗暗的光泽，尤其年久之后，其美丽动人难以言表。

因此，凡用犀牛角紫檀者绝少雕饰，大都素面朝天，静待岁月的打磨而熠熠生辉。

4. 鸡血紫檀

这种紫檀的木材虽不具"金星""绞丝"及"缎光"纹，但其色暗紫带红，丰满浓厚。质地细腻有油性，尤其是邻近边材部位，常有一块块长短不等的不规则暗朱红色斑马

鸡血紫檀

纹，奇趣可观。鸡血紫檀不常见，数量不太多。知名度不如金星紫檀那么大。其材径略大，多做面心等大料，是小中见大的大。正因为鸡血紫檀不常见，有贪图利益的商家用其他木材来冒充，美其名曰"鸡血紫檀"，给鸡血紫檀留下了"不是紫檀"的罪名。

鸡血紫檀还有一个特征就是材料比另外两种大些，凡面板宽些的，用料壮硕些的，以鸡血紫檀为多，鸡血紫檀的善雕性不如金星紫檀，故雕工多采用粗犷风格雕工，凡雕工明味较足的紫檀家具，多属此类。

此外，鸡血紫檀与另外两种还有一点小小的差异，感觉上硬度稍逊，所以亮度要差一些，这一点也很值得注意。

二、按照紫檀木的心材表面分类

按照紫檀木的心材表面分类方式，通常分为如下四类。

1. 猩红

这种心材的紫檀木比重稍轻，油质感较差，发干，颜色腥红发艳，是紫檀木中比较差的一种，通常很少看到金星或金丝。

2. 深紫

这种心材的紫檀木质地致密，比重大，油性强，难见纹理，金星金丝密集，是紫檀木中品质较好的一种。

3. 紫黑

这种心材的紫檀木表面发黑，光亮明显，犀牛角质般润泽。这种木材大多属于以前的紫檀旧料，目前已经非常少见，是紫檀木中的极品。

4. 紫黄

从严格的意义上来说，这种心材的紫檀木并不属于真正的紫檀。其主要产于印度与缅甸，一般径级较大，少有空洞，比重接近1，从外表看与一般紫檀没有什么区别，但

清早期·紫檀诗文笔筒

这件笔筒由紫檀整木挖制，笔筒外壁雕"懒看宾客儿童喜得食阶除鸟雀驯　秋水白沙翠竹深　癸卯重阳后三日制此呈敬崇兄雅玩次生姜正学"。诗文描绘出隐居山林的幽静画面。姜正学，字次生，浙江兰溪人，廪生。性介纵酒，酒之外寄意刻印，欲刻印必饮以酒。寿至八十。

清乾隆·紫檀双龙纹压经板

压经板为藏传佛教之物，将印刷晾干的佛经整理以后架在两个板子中间，然后用绳子捆绑固定。这件紫檀压经板雕刻细致，画面饱满，纹饰均以浮雕技法表现。两长方形框相套，将压经板划分成内外两个区域：外部满雕云纹，纹路连绵不断，装饰感强烈；内部雕双龙戏珠纹，龙身修长，相对而视，身躯蜿蜒盘转，五爪苍劲有力，其间点缀火珠，引双龙而戏，栩栩如生。

从端面看紫色圈与黄色固相连，色差明显。锯成板材后，浅黄色明显。这种紫檀木被木材商称为"大叶紫檀"（此处不是指卢氏黑黄檀），其价格仅为前三种紫檀木的一半或1／3。

实际上紫檀木的这些特征与其生长环境、气候、土壤、阴阳坡及平地、采伐时间、堆放条件（室外、室内或山里）均

清乾隆·紫檀西番莲纹有带托泥大方凳

这件紫檀西番莲纹有带托泥大方凳，紫檀满彻，有束腰、牙板及腿足上端彻满西番莲纹，精雕细琢，富丽精湛。西番莲之筋脉舒卷有力，刀法精绝，叶脉卷转向背，坚致劲挺，状写逼真；牙板枝叶以中间一朵立放西番莲为核心，两侧对称旋曲伸展，牙板边缘随莲就势，自然优美，构图繁而不紊；束腰上西番莲异于牙板图样，造度平面图案化的装饰连续且对称。宝座底座形制典雅，上部精关绝伦，下部直腿外翻回纹足。

有关系。有时候，一棵紫檀木也会因为锯解方法的不同，其表面特征会呈现出不同的特点。有可能两种以上的表面现象同时存在于一体。

有的学者没有直接接触紫檀木的原木及了解紫檀木锯解后发生的相关现象，也不了解紫檀木的生长条件与环境，而根据历史文献典籍的记载将紫檀木与檀香木混淆，并将其分为黄、白、紫三种，这是非常不应该的。

除了上述两种分类方法，在紫檀木材交易市场和加工厂，还通常采用按照木材的空与实以及径级长度与特殊用途来进行分类。例如，雕佛像、紫檀工艺品或紫檀大器，均对紫檀有特殊要求。

三、细谈金星紫檀

对于金星紫檀，无论是商家还是收藏者，无不趋之若鹜，那么，究竟什么是金星紫檀呢？在这里比较深入地谈一下。

如前所述，金星紫檀、牛毛纹紫檀、牛角紫檀等，并不是一个独立的紫檀品种，它们只是紫檀的某一个特征而已。而且这种特征不仅仅只是在紫檀身上才会出现，例如大叶紫檀与大果紫檀，它们都有牛毛纹特征，这就好比不仅仅是紫檀才能在白灰墙上写字，能出现红色划痕的木头还有很多。同时，金星也并非紫檀独有，甚至有的海南黄花梨中也有金星。

金星紫檀在外观上与其他紫檀的区别在于：其切面上可以看到有丝状的亮晶晶的淡黄色物质排列，若隐若现，如满天星斗般，有的极像是瓷器中的兔毫，充满情趣。显微镜下可以见到这种淡黄色的物质发出荧光色。

金星紫檀上的金星是怎样形成的呢？通常有两种看法：一种看法认为，金星紫檀中的金星是沉积在树木管孔中的矿物质，若是紫檀生长的地方地下水富含矿物质，那么它在生长的过程中将水中的矿物质沉积在体内，就有了丝丝金星；另一种看法认为，金星紫檀中的金星是木质本身腐烂的结果，这种金星是紫檀本身腐烂物质和树脂的结合物。

其实，不管金星紫檀的金星是如何形成的，金星紫檀总是好看的。况且，金星紫檀的数量要比其他紫檀的数量少了很多，人们总会珍视这些稀少而美丽的东西。而且金星紫檀不那么好找，要凑足做一件家具的金星紫檀就更难了。所以，几乎难以见到某一件家具全是用金星紫檀制作的。

金星紫檀笔筒

但常可以见到用金星紫檀制作的紫檀小件，而且价格不菲。

金星紫檀的品质也有差异。金星紫檀同样是大料难觅，只要是直径 26 厘米以上的大材，必定价格昂贵，如果中间空心较小或没有空心就更加难能可贵。往往

清·金星紫檀玫瑰椅（一对）

金星紫檀的密度稍低于相同品种的无金星的紫檀，不过也能看到密度大的金星紫檀，制作的成品确实美丽异常。所以密

度高的金星紫檀自然价格就高。

　　与木材相对应的是，由金星紫檀制成的并且工艺水准很高的大型家具，必定价格极高。美国佳士德拍卖行1996年拍卖图录中有一个17世纪的金星紫檀小型笔筒，全部做光，没有任何雕饰，深ърв紫黑色的紫檀上面可以清晰地看到金星浮动，标价为七千多美元。可以想象一件成器的金星紫檀家具会价值多少。

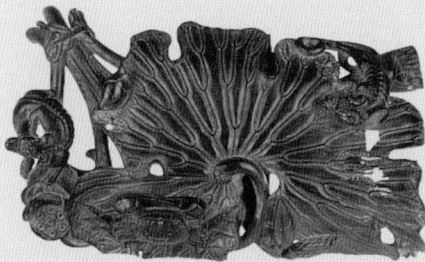

清·金星紫檀荷叶洗

　　在金星紫檀的新鲜剖面上，可以清楚地见到上面长长短短的淡黄色金丝。随着紫檀的表面氧化，紫檀表面的颜色越来越深沉，金丝就越能看得清楚。当然由于木材剖开的方向不一样，金丝的形状就不一样。最佳的样式还是整个紫檀表面布满金丝，而且有长有短，本身就具有很强的美感。

第三节　此"檀"实非檀

从古至今，民间对紫檀木的评价都很高，有"一寸紫檀一寸金"的说法。之所以会出现这种情况，很大程度上是因为其稀缺性。然而，在当前的中国红木家具市场上，紫檀的水很"深"，什么黑檀、红檀、绿檀、大叶紫檀、科檀……名目繁多而杂乱，不仅一般消费者一头雾水，即使是专家有时候也吃不准；再加上不同地域的人对同一木材的叫法也不尽相同，更是增加了厘清的难度。

一、大叶紫檀

檀香紫檀的名字开始很简单，就叫紫檀。但我们今天所谓的小叶紫檀、大叶紫檀又是怎么回事呢？说起来，这件事儿还要追溯到20世纪末。

1996年，有人从马达加斯加进口了一种木质坚硬，其心材新切面呈橘红色，久转为深紫色，其纹理特征与我国古典家具中所用紫檀木较相近，此木经故宫研究院鉴定为紫檀木。从此"某某贸易部经过艰辛努力，终于从印度洋岛屿的密林中发现紫檀木种，并购回数百吨紫檀原材，这是明清以来首次大批进口紫檀原材。经北京故宫博物院明清古典家具专家鉴定，确认是中国明朝时期使用过的老紫檀木，从而否定了百年来真正紫檀早已绝迹的说法"的消息被大肆传播。很多人开始囤购这种"紫檀木"，并购买这些"紫檀"制作的家具或工艺品。

当时，这则消息在杂志、电视广告、国际互联网中称这

大叶紫檀官皮箱

种所谓的"紫檀木"为明清皇家广泛使用，故宫中的许多紫檀家具就是使用的这种所谓的"海岛性紫檀"（其实"植物分类学"中根本没有这种植物，纯属杜撰），结果惊动了联合国环境保护组织。于是联合国环境保护组织通知马达加斯加政府停止采伐紫檀木和紫檀贸易。

之后，马达加斯加向联合国环境保护组织递交书面报告，说明本国不产紫檀木，其出口到中国及其他国家的深色硬木均不是紫檀木。联合国环境保护组织还特地请法国热带木材研究所专家到马达加斯加考察并起草了一份详细报告交给联合国，以证实马达加斯加的报告属实。马达加斯加为了纠正误导，正式将"卢氏黑黄檀"的全部资料提供给中国林业研究部门，从此真相大白。

但事已至此，对于这种木材，在国内已是囤的囤，买的买。事情的真相对一些人的信誉、利益构成了很大威胁。几个人的想法或是利益竟然成了一个国际玩笑。不过，面对真相，又该如何化解这一尴尬呢？

2000 年，中华人民共和国红木国家标准（红木 GB ／ T 18107—2000）匆匆出台，该《标准》规定了 5 属 8 类 33 种木材品种为红木。其中就包括了这种本不是紫檀的"紫檀木"，将其归为黄檀属中的黑酸枝木，学名为"卢氏黑黄檀"。这样一来，这"卢氏黑黄檀"也就成了红木，成为名贵木材。但这毕竟使它从紫檀变成了黑酸枝木，落差还是比较大的，于是，

大叶紫檀"清明上河图"屏风

真正的紫檀木（檀香紫檀）便多出了一个叫法——"小叶紫檀"。为什么要叫"小叶紫檀"呢，因为还有一个"大叶紫檀"的叫法存在，这就是黑酸枝类的卢氏黑黄檀。

那么，怎样分辨卢氏黑黄檀与檀香紫檀呢？我们可以从以下几个方面入手：

1. 纹理

虽然卢氏黑黄檀木材表面特征与檀香紫檀相似，但纹理相对较粗，常间有浅色条纹，牛毛纹偏长、直、粗、多，整体纹理没有檀香紫檀细腻，依据这一特点还有人将卢氏黑黄檀称为"大丝紫檀"，即说明其木材纤维粗于檀香紫檀。

2. 气味

卢氏黑黄檀作为黑酸枝类木材之一，拥有淡淡的酸香气，而檀香紫檀则为檀香气。

3. 油性

卢氏黑黄檀油性略逊于檀香紫檀，因而在同样的打磨工艺下，用手抚摸其表面，细润程度不如檀香紫檀。

紫檀把玩艺术

43

4. 木性

从物理学特征上来看，卢氏黑黄檀在气干密度、抗弯强度、弹性核量、顺纹抗压强度等方面都不如檀香紫檀，因而，用卢氏黑黄檀制作的家具稳定性略差，较易开裂。

简言之，卢氏黑黄檀树径通常粗于檀香紫檀，且空洞少，能出大料，可做成独板家具。如果不上漆的话，卢氏黑黄檀家具一年之内就可以出现包浆，是不错的红木家具用材。消费者在购买时，只需将其与檀香紫檀区分开来即可，不要花紫檀的价格买酸枝家具。

大叶紫檀手串

二、紫光檀

在《红木》国家标准中，有24种木材学名带有"檀"字，分别归于紫檀属和黄檀属，这些木材虽然在学名中带有"檀"字，但与紫檀属紫檀木类中的檀香紫檀不同，是不同类别甚至不同属的木材，不能与紫檀木相混淆。

紫光檀学名东非黑黄檀，属于《红木》国家标准中的黑酸枝木类。用这种木材制作的古典家具风格静穆，但由于密度大（气干密度

紫光檀木料

1.25 ～ 1.33 克／立方厘米），有老师傅曾经用"比铁还硬"来形容东非黑黄檀，其加工难度由此可见一斑。

东非黑黄檀产自非洲东部的坦桑尼亚、塞内加尔等地，生长速度缓慢，原木外形扭曲而多中空，出材率低，大多为直纹，硬度极高，打磨后，木材表面富有光泽。东非黑黄檀的油性强于条纹乌木，但由于出材率低，很难见到用其制作的大件家具（顶箱柜等）。

东非黑黄檀的俗称除紫光檀外，亦有犀牛角紫檀，还有人称其为黑檀，可见，消费者在购买家具时切不能以俗名臆断木材真伪，必须向销售人员询问学名，在签订购买合同时也要以学名为标准，以免在日后维权时遭遇困境。

紫光檀屏风

三、黑檀

为了抬高身价、谋求利益，很多非红木木材喜欢冠以"檀木"的名称，其中的一个典型例子就是所谓的"黑檀"。由于其具有比重大、油性强等特点，这种原本属于条纹乌木的木材堂而皇之地加入了"檀

苏拉威西乌木原料

紫檀 把玩艺术

45

木"行列，并美其名曰黑檀。

其实，条纹乌木并非一种木材，包含了产于印度尼西亚的苏拉威西乌木和产于菲律宾、斯里兰卡和中国台湾的菲律宾乌木，但在市场上苏拉威西乌木较为常见。

其中，苏拉威西乌木芯材呈黑色或栗褐色，带深色条纹，木材很重，气干密度1.09克／立方厘米，十分耐腐；

菲律宾乌木挂牌

而菲律宾乌木芯材呈乌黑色或栗褐色，带黑色及栗褐色条纹，气干密度0.78～1.09克／立方厘米。

条纹乌木色泽典雅、材质重硬，比较适合制作古典家具，只是由于木性较脆，对制作过程提出了较高要求。

四、红檀

红檀也被人称为黄檀。在20世纪90年代刚进入中国的时候，被鉴定为红酸枝，2001年被更正，实为铁木豆，主产地为非洲的加蓬和莫桑比克。芯材为红褐色，边材为浅黄色，有不规则条纹，略带气味，结构细而均匀，很多特点都类似于红酸枝。

铁木豆属的树种全世界约有100种，产于热带美洲及非洲，非洲常见的用材树种有：葱叶状铁木

铁木豆原料

豆和马达加斯加铁木豆两种。

五、绿檀

绿檀学名维腊
木，产自中美洲和
南美洲，芯材呈绿
或浅绿色，有细长
的深绿色或深褐色
条纹，因此获得了

绿檀茶盘

绿檀的俗称，但这种木材既非红木，更与紫檀木毫无瓜葛。
本世纪初维腊木进入中国市场，最早是地板用材，后来开始
进入雕刻和工艺品市场。

绿檀在阳光下呈黄褐色，在光线暗淡处变成绿色，湿度
和温度升高时变幻成深蓝色、紫色，观察颜色变化是鉴定绿
檀的方法之一。

六、黑紫檀

黑紫檀学名风车木，又叫皮灰，分布于热带非洲，主要
产地是莫桑比克。芯
材新切面颜色为灰
黄色，老木颜色接近
灰黑色，毛孔粗大，
有明显毛状纹，其木
纹走向多呈山纹状，
条纹状少见。

黑紫檀茶盘

黑紫檀的木质硬而脆，油性较差，在气候干燥的地方较易开裂。有少数不良商家用风车木冒充产自印尼的苏拉威西乌木，购买时亦须明辨。

七、科檀

科檀又叫非洲小叶紫檀、科特迪瓦紫檀，进入国内市场已有几年时间，各地都有部分厂家使用。科檀木材比较混乱，尚无确认的木材学名，只是木材商人的一种

科檀原料

俗称，概括来讲，科檀即科特迪瓦出产的品质较好的木头。

科檀的主要定义，由起初的双雄苏木，到后来的科特迪瓦揽仁木、漆胶树、红铁木豆等，现在我们大家经常见到的科檀，多数为光亮杂色豆木，很多商家习惯称之为"非洲小叶紫檀"，以此名使它与"檀香紫檀"的关系更加暧昧。

科檀切割时无任何香气；其锯末为浅红色，木材表面特别是接近原木中心的地方多呈黄色、金黄色，接近原木外表颜色逐渐呈猩红色；木材表面细腻平滑，不见棕眼或棕线，更不见牛毛（S）纹。这三点与檀香紫檀的区别很大。

Tips：

紫檀四辨

一、紫檀"十檀九空"的说法是真的吗？

凡是说到紫檀的时候，很多人经常说到一句话："十檀九空。"这句话的意思是说：大凡紫檀木材基本都是空心的，出材率极低。与此相对应的是用料稍微大一些的紫檀家具的价格就会高得出奇。因为这个概念流传很广，几乎每个与紫檀有点儿瓜葛的人都知道有这么回事，久而久之，这似乎就成了判断紫檀的重要依据。

那么，这句话是否正确呢？至少从现在掌握的资料来看，未必正确。例如，中国古典家具专家田家青先生提到他在故宫博物院见到不少紫檀制成的大桌案，用料厚长，有的案长在3米以上，很显然，制作这样的家具所用木材不可能是空心的。上海博物馆中陈列的紫檀大件家具中也有许多不是用空心的材料做出来的。

因此，这样的说法并不完全正确。

紫檀嵌景泰蓝插瓶

紫檀 把玩艺术

49

二、"郑和下西洋归来的路上，为防止风浪过大而翻船，便用产于东南亚的紫檀充当压舱物，于是不少紫檀木就这样被运回了中国。"这种说法正确吗？

这种说法并不正确，至少没有扎实的史料支撑。关于这个问题，周默、胡德生等人已经提出了明确的反对意见。

三、印度紫檀是怎么回事？

我们知道，檀香紫檀主产于印度南部，而主产于印度的檀香紫檀并不等于"印度紫檀"，"印度紫檀"也并不等于产于印度的檀香紫檀。换句话说，只有 檀香紫檀(Pterocarpus santalinus L. F.) 才是我们通常意义上的"紫檀"，即植物学上的"紫瞳属紫檀类"植物，而"印度紫檀"

紫檀笔筒

(Pterocarpus indicus Willd) 其实是我们通常意义上的"花梨木"，即植物学上的"紫檀属花梨木"类的植物，二者同"属"而不同"类"，它们完全是两种不同"类"别的植物。

四、老紫檀和新紫檀是怎么回事？

关于这一点，笔者赞同周默先生的观点。他说："有人坚持认为紫檀木有新老之分，谓新紫檀用水浸泡后掉色，老紫

紫檀雕龙镇纸

檀不掉色；新紫檀上色不掉，老紫檀上色则掉。实际上只要是豆科紫檀属的木材水浸后或酒精泡都会产生荧光现象，紫檀素极易溶干酒精，产生耀眼的红色。如花梨木水浸后，会产生浅蓝色的像机油一样的液体。

还有从汉代至清朝大量进口国外的苏木，其树汁为红色液体，织布时可用作染料，也可将家具染成紫红色。这一点也不神秘，并不是鉴别紫檀木或者区分新老紫檀之标志。紫檀木心材达到可以制作家具的要求，其生长期直在500～1000年或者更长，我们现在正在使用的紫檀木有可能生长于西汉或唐朝，你能说它是新紫檀吗？如果从木材的成色上将其分为新旧这是可以接受的。如果纯从商业的角度来炒作新旧紫檀，这是极其不可取的。

叁 形制篇：
紫檀家具与工艺

　　从历史记载可知，紫檀是皇家家具的首
选材料。经过历史的洗礼和考验，也证明了
其材质的优良性。传承至今的紫檀家具大多
精雕细作而成，代表了古代传统家具的工艺
水平，折射出该时期的历史背景、雕刻水准、
民风民俗、经济文化等情况。不仅具备了实
用价值、欣赏价值、文化价值和收藏价值，
更区别于普通家具的消费观念，彰显了消费
者追求高端生活品质及个性化消费的特征，
是综合品质和气质的体现。

第一节　紫檀家具

　　从古至今，用紫檀制作的家具种类很多，这里择要介绍
一下。按照具体的使用功能，这些家具大体可分为卧具类
（床榻）、坐具类（椅凳）、起居用具类（桌案）、存贮用具
类（箱柜）、屏蔽用具类（屏风）、悬挂及承托用具类（台架）
六个门类。

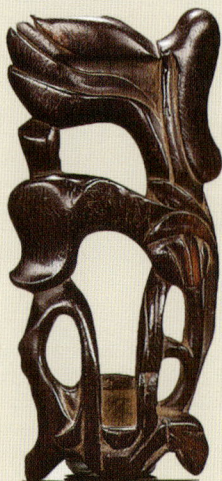

清乾隆·紫檀镂雕
花卉纹底座

一、床榻类

床榻又分架子床、拔步床、罗汉床
三种。

1. 架子床

因床上有顶架而得名，一般四角安
立柱，床面两侧和后面装有围栏。上端
四面装横楣板，顶上有盖，俗名"承尘"。
围栏常用小木块做榫拼接成各式几何图
样。也有的在正面床沿上多安两根立
柱，两边各装方形栏板一块，名曰"门
围子"。正中是上床的门户。更有巧手
把正面用小木块拼成四合如意，中间夹十字，组成大面积的
棂子板，中间留出椭圆形的月洞门，两边和后面以及上架横
楣也用同样做法做成。床屉分两层，用棕绳和藤皮编织而成，
下层为棕屉，上层为藤席，棕屉起保护藤席和辅助藤席承重
的作用。藤席统编为胡椒眼形。四面床牙浮雕螭虎龙等图案。

紫檀架子床

牙板之上，采用高束腰的做
法，用矮柱分为数格，中间
镶安绦环板，浮雕鸟兽、花
卉等纹饰。而且每块与每块
之间无一相同，足见做工
之精。

这种架子床也有单用棕
屉的，做法是在四道大边里

沿起槽打眼，把屉面四边的棕绳的绳头用竹楔镶入眼里，然后再用木条盖住边槽。这种床屉因有弹性，使用起来比较舒适。在我国南方各地，直到现在还深受欢迎。北方因气候条件的关系，喜欢用厚而柔软的铺垫，床屉的做法大多是木板加藤席。

2. 拔步床

这种床造型，乍看上去就好像把架子床安放在一个木制平台上，平台前沿长出床的前沿两三尺。平台四角立柱，镶安木制围栏。还有的在两边安上窗户，使床前形成一个廊

拔步床

子。床前的两侧还可以放置桌、凳等小家具，用于放置杂物。这种带顶架的床多在南方使用，南方温暖而多蚊蝇，床架的作用是为了悬挂帷帐。北方天气寒冷，一般多睡暖炕，即使用床为达到室内宽敞明亮，只需在左右和后面装上较矮的床围子就行了。

3. 罗汉床

据专家考证，这种床是由汉代的榻逐渐演变而来的。榻，本是专门的坐具，经过五代和宋元时期的发展，形体由小变大，成为可供数人同坐大榻。已经具备了坐和卧两种功能。后来又在坐面上加了围子，成为罗汉床。罗汉床，是专指左、右及后面装有围栏的一种床。围栏多用小木块做榫拼接成各式几何纹样。最素雅者用三块整板做成，后背稍高，两头做出阶梯形曲

紫檀把玩艺术

55

边，拐角处做出软弯圆角。既典雅又朴素。这类床形制有大有小，通常把较大的叫"罗汉床"，较小的叫"榻"，又称"弥勒榻"。

清乾隆·紫檀龙纹罗汉床

罗汉床既可用来独睡，摆放炕桌后，又可与人对弈或小酌，是非常实用的家具。在清代，还具有宝座功能，故宫与颐和园就有陈设的实例。这件紫檀龙纹罗汉床，三屏风式，以明式罗汉床为设计范本。软藤席屉，攒芯板围子，四面有工。围子正面均密不露地雕云龙纹，正面围子上二龙相向穿行于云间，五爪弩张，止于中心旋转火珠之前，龙颔饱满隆起，龙须飘于角侧，巨髯大张，狮鼻，尽显威仪之气。

这种罗汉床不仅可以做卧具，也可以用为坐具。一般正中放一炕几，两边铺设坐垫，隐枕，放在厅堂待客，作用相当于现代的沙发。而罗汉床当中所设的炕几，作用相当于现代两个沙发之间的茶几。这种炕几在罗汉床上使用，既可依凭，又可陈放器物。罗汉床是一种坐卧两用的家具。或者说，在寝室供卧曰"床"，在厅堂供坐曰"榻"。按其主流来讲，则大多用在厅堂待客，是一种十分讲究的家具。

二、椅凳类

椅凳的形式很多，名称也很多，常用的有交椅、圈椅、官帽椅、玫瑰椅等；凳类则有大方凳、小方凳、长条凳、长方凳、圆凳等。

1. 交椅

交椅的结构是前后两腿交叉，交接点做轴，上横梁穿绳代坐，可以折合。上面安一栲栳圈儿。因其两腿交叉的特点，遂称"交椅"。明清两代通常把带靠背椅圈的称交椅，不带椅圈的称"交杌"，也称"马扎儿"。它们不仅可在室内使用，外出时还可携带。

交椅

宋、元、明至清代，皇室贵族或官绅大户外出巡游、狩猎，都带着这种椅子。如《明宣宗行乐图》中就描绘过这种椅子，这为人们提供了可靠的依据。

2. 圈椅

圈椅是由交椅发展和演化而来的，交椅的椅圈后背与扶手一顺而下，就座时，肘部、臂部一并得到支撑，很舒适，颇受人们喜爱，逐渐发展成为专门在室内使用的圈椅。它和交椅的不同之处是不用交叉腿，而采用四足，以木板做面，和平常椅子的底盘无大区别。只是椅面以上部分还保留着交椅的形态。这种椅子大多成对陈设，单独使用的不多。

圈椅

圈椅的椅圈因是弧形，所以用圆材较为协调。

紫檀 把玩艺术

圈椅大多采用光素手法，只在背板正中浮雕一组简单的纹饰。但都很浮浅。背板都做成"S"形曲线，它是根据人体脊背的自然曲线设计的。明代后期，有的椅圈在扶手尽端的卷云纹外侧保留一块本应去掉的木材，透雕一组卷草纹，既美化了家具，又起到格外加固作用。古人对这种椅式极为推崇，因此，当时人们多把它称为"太师椅"。

3. 官帽椅

官帽椅是依其造型酷似古代官员的帽子而得名，又分为南官帽椅和四出头官帽椅。

南官帽椅

南官帽椅的造型特点是在椅背立柱与搭脑的衔接处做出软圆角。做法是将立柱做榫头，搭脑两端的接合面做榫窝，俗称"挖烟袋锅"。将搭脑横压在立柱上。椅面两侧的扶手也采用相同做法。正中靠背板用厚材开出"S"形，它是依据人体脊椎的自然曲线设计而成的。这种椅型在南方使用较多，常见多为花梨木制，且大多用圆材，给人以圆浑、优美的感觉。

四出头式官帽椅是椅背搭脑和扶手的拐角处不是做成软圆角，而是搭脑和扶手在通过立柱后继续向前探出，尽端微向外撇，并磨成光润的圆头。除此之外，其他均与南官帽椅相同。

4. 玫瑰椅

　　这种椅子在宋代名画中曾有所见，明代更为常见，是一种造型别致的椅子。玫瑰椅实际上属于南官帽椅的一种。它的椅背通常低于其他各式椅子。与扶手高度相差无几。在室内临窗陈设，椅背不高过窗台，配合桌案使用又不高过桌沿。由于这些与众不同的特点，使并不十分实用的玫瑰椅备受人们喜爱，并广为流行。玫瑰椅的名称在北京匠师的口语中流行较广，南方无此名，而称这种椅子为"文椅"。

　　"玫瑰"二字一般指很美的玉石，司马相如《子虚赋》："其石则赤玉玫瑰"；《急就篇》："璧碧珠玑玫瑰瓮"，都指的是美玉。

玫瑰椅

单就"瑰"字讲，一曰"美石"，一曰"奇伟"，即珍贵的意思。《后汉书·班固·西都赋》："因瑰奇而究奇，搞应龙之虹梁。"都以"瑰"谓奇异之物。从风格、特点和造型来看，玫瑰椅的确独具匠心，这种椅子的四腿及靠背扶手全部采用圆形直材，确实较其他椅式新颖、别致，达到了珍奇美丽的效果。用"玫瑰"二字称呼椅子，当是对这种椅子的高度赞美。

紫檀有束腰马蹄腿拐子纹嵌理石长椅

　　凳类中有长方和长条两种，长方凳的长、

宽之比差距不大，一
般统称方凳。长宽之
比在2：1至3：1左右，
可供二人或三人同坐
的多称为条凳，坐面
较宽的称为春凳。古
代绘画中描绘男女交
欢多有此凳，故名"春

春凳

凳"。由于坐面较宽，还可做矮桌使用，是一种既可供坐又可
放置器物的多用家具。

　　条凳坐面细长，可供二人并坐。腿足与牙板用夹头榫结
构，一张八仙桌，四面各放一长条凳，是城市店铺、茶馆中
常见的使用模式。

三、桌案类

　　桌子大体可分为有束腰和无束腰两种类型，有束腰家具是
在面下装饰一道缩进面沿的线条。有高束腰和低束腰。低束腰

清乾隆·紫檀高束腰西番莲纹方桌

这件紫檀方桌，桌面攒边框装板，边
抹及面芯特别选用纹路一致的木料做成，
显得格外美观。高束腰铲地浮雕西番莲
纹。牙头、牙板亦铲地浮雕西番莲纹，与
束腰上的纹饰相映成趣，这种带有西洋味
道的纹饰，与圆明园中所遗存下来许多建
筑石雕风格如出一辙，表现出浓郁的时代
风貌和皇家的审美意识。方形马蹄足外侧
以回文为饰，属于典型的清代风格。

的牙板下一般还要安罗锅枨或霸王枨，否则须在足下装托泥，起额外加固作用。高束腰家具面下装矮佬分为数格，四角露出四腿上节，与矮佬融为一体。矮佬间装绦环板，下装托腮。绦环板板心浮雕各种图案或镂空花纹。高束腰不仅是一种装饰手法，更重要的是拉大了牙板与桌面的距离，有效地固定了四足。因而牙板下不必再有过多的辅助构件。有束腰桌子无论低束腰还是高束腰，它们的四足都削出内翻或外翻马蹄。有的还在腿的中部雕出云纹翅，这已成为有束腰家具的一个基本特征。

案的造型有别于桌子，突出表现为案的腿足不在面沿四角，而在案面两侧向里缩进一些的位置上。案面两端有翘头和平头两种形式。两侧腿间大都镶有雕刻各种图案的板心或各式圈口。案足有两种做法，一种是案足不直接接地，而是落在长条形托泥上。另一种不带托泥，腿足直接接地，并微向外撇。案腿上端开出夹头榫或插肩榫。前后各用一块通长的牙板把两侧案腿贯通起来，共同支撑着案面。两侧的案腿都有明显的叉脚。

还有一种与案稍有不同的形式，其两侧腿足下不带托泥，

清乾隆·紫檀龙纹御案

这件紫檀龙纹大御案，造型如同大画桌，按清宫档案记载称之为"御案"，系用精选上等紫檀料制成。面板攒框装芯，木质光滑，葆光莹润，为挥毫、阅读适用。造型雄浑，体形硕大且用材厚重。最为惹眼之处在于除案面外案不露地的云龙纹饰，构图饱满，雕饰烦顼，打磨精细，不觉刀痕。遍布束腰、牙板、腿足的云纹层叠布局，盘涡深旋，衬托着龙的曲线及律动，刻画出五爪金龙辗转腾挪、上天入地之意象。

也无圈口及雕花挡板，而是在两侧腿间平装两道横枨。这类家具，如果案面两端带翘头，那么无论大小都称为案；如果不带翘头，人们习惯把较大的称为案，较小的则称为桌。其实，严格说来还应称案。因其在造型和结构上具备案的特点较多。王世襄先生经过多年研究，归纳出腿足在板面四角的属"桌形结体"，四足不在板面四角而在两端缩进一些位置的称"案形结体"。

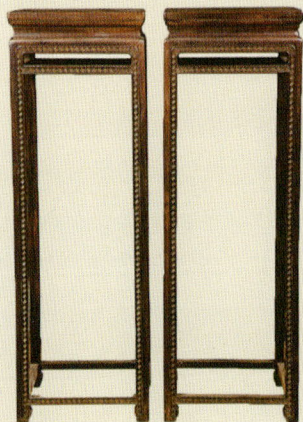

香几（一对）

香几，是专门用来置炉焚香的家具，一般成组或成对。佛堂中有时五个一组用于陈设五供，个别时也可单独使用。古代书室中常置香几，用于陈放美石花尊，或单置一炉焚香。形制多为三弯腿，整体外观似花瓶。

炕桌、炕案、炕几，都属低形家具，它们因为多在炕上和床上使用，故都冠以炕字。属于床榻之上的附属家具。通常在床榻正中放一炕桌，两边坐人。作用相当于现代的茶几。

四、橱柜类

这种家具是居室中用于存放衣物的家具。除了橱柜外，还有箱子、架格等也归属在这一类里。

橱的形体与案相仿，有案形和桌形两种。面下装抽屉，二屉称连二橱，三屉称连三橱，有的还在抽屉下加闷仓。上平面保持了桌案的形式，但在使用功能上较桌案发展了一步。

柜，是指正面开门，内中装屉板，可以存放多件物品的家具。门上有铜饰件，可以上锁。

橱柜，是将橱和柜两种功能结合在一起的家具。等于在橱的下面装上柜门，具有橱、柜、桌案三种功能。橱柜也分桌形和案形两种，案形中又分平头和翘头两种形式。

顶竖柜，也是紫檀家具比较常见的一种形式。由底柜和顶柜组成。一般成对陈设，又称四件柜。这种柜因有时并排陈设，为避免两柜之间出现缝隙，因而做成方正平直的框架。

圆角柜又可写作圆脚柜。圆角柜的侧脚收分明显，对开两门，板心通常以纹理美观的整块板镶成，两门中间有活动立栓，配置条形面叶，北京人俗

清乾隆·紫檀方角大四件柜（一对）

清乾隆·紫檀大漆描金雕龙纹多宝柜

多宝格兼备陈设与收藏两种功能，这件紫檀大漆描金雕龙纹多宝柜上部亮格分为六个参差错落的通透空间及一小抽屉，下部为门柜，中间设两个大抽屉，整体比例稳重恰当。四面圈口及挂沿皆透雕云纹，左侧立一云纹圆雕立柱打破贯通空间，巧妙利用立柱下隔板昂出一龙首，龙须分缕飘于脑后与隔板自然相接。龙首有凸起拱于额心，双目圆瞪，狮鼻侧翻，下腭呲张，极有气势。

称"面条柜"。这类柜子两门与柜框之间不用合页，而采用门轴的做法。

书格，即存放书籍的架格，正面大多不装门，只在每层屉板的两端和后沿装上较矮的栏板，目的是把书挡齐。正面中间装抽屉两具，是为加强整体柜架的牢固性，同时也增加了使用功能。

亮格柜，是集柜、橱、格三种形式于一器的家具。下层对开两门，内装堂板分为上下两层。柜门之上平设抽屉两枚至三枚。再上为一层或二层空格，正面和两侧装一道矮栏，下部存放什物，上部陈放几件古器，则使居室倍觉生辉。

用于存贮什物的还有箱子，一般形体不大，多用于外出时携带，两边装提环。由于搬动较多，极易损坏，为达到坚固目的，各边及棱角拼缝处常用铜叶包裹。正面装铜质面叶和如意云纹拍子、钮头等，可以上锁。较大一些的箱子，常在室内接地摆放，为避免箱底受潮，多数都配有箱座，也叫"托泥"。

箱类中还有一种称为"官皮箱"的，也是一种外出旅行用的存贮用具。其形体

清乾隆·御制紫檀百宝嵌绶带鹊梅海棠纹套盒

此套盒由三盒、两格、一盖组成。每层上下口沿嵌银丝云雷纹。用螺钿、青玉、绿松石、孔雀石、鎏金铜、珊瑚、黄杨木、染色象牙、青金石等名贵材料，以百宝嵌工艺在盒面，嵌绶带鹊梅图案，寓意喜鹊登梅代富贵。盒身四周嵌生机盎然的折枝海棠图案。每面均独立成画，且四面花枝过墙，不论套盒转展，四面过墙花枝均能契合如一，形成完整的画面。

较小，打开箱盖，内有活屉，正面对开两门，门内设抽屉数枚，柜门上沿有仔口，关上柜门，盖好箱盖，即可将四面板墙全部固定起来。两侧有提环，正面有锁匙，是明代家具中特有的品种。

五、屏风类

屏风大体可分为座屏风和曲屏风两种。座屏风又分多扇和独扇。多扇座屏风分三、五、七、九扇不等。规律是都用单数。每扇用活榫连接，屏风下的插销插在"八"形底座上，屏风上有屏帽连接。

清·紫檀喜上眉梢嵌百宝插屏

这件插屏以嵌百宝工艺装饰，集多种名贵材质及工艺于一身：玛瑙、碧玉、白玉、紫檀、象牙、孔雀石、掐丝珐琅等于一体。一面以文玩小品为题材，文玩制作精良，掐丝珐琅工艺考究，散发出文人清新淡雅之气；另一面饰以喜鹊梅花图案，以寓意"喜上眉梢"，一只喜鹊翻飞于梅梢之间，另一只弯腿伸脖欲将腾飞，将喜鹊活泼之态表现得淋漓尽致，更添欢乐祥和之感。

独扇屏风又名插屏，是把一扇屏风插在一个特制的底座上。底座用两条纵向木墩，正中立柱，两柱间用两道横梁连接。正中镶余腮板或绦环板，下部装披水牙。两条立柱前后有站牙

抵夹。两立柱里口挖槽，
将屏框对准凹槽，插下
去落在横梁上，屏框便
与屏座连为一体。这类
屏风有大有小，大者可
以挡门，小者可以摆在
案头用于装饰居室。

　　曲屏风属活动性家
具，每扇之间或装钩纽、
或裱绫绢，可以随意折
合。用时打开，不用时
折合收贮起来。其特点
是轻巧灵便。

　　基于上述原因，这
类屏风多用较轻质的木
料做边框，屏心用纸、
绢裱糊，并彩绘或刺

清早期·紫檀石面插屏
这件插屏木色沉稳，包浆莹润，通体光
素，无过多雕凿，沉稳肃穆。变体鼓式底
足，相对站牙呈瓶状，倾斜的劈水牙板厚
实，没有过多修饰，仅在边缘起阳线，显
得清新淡雅。这种做法传承了明式家具的
简洁明快之风。

绣各式图画等，有的用大漆修饰，上面雕刻各式图画。做工、
手法多种多样。

六、台架类

　　这种家具是指日常生活中使用的悬挂及承托用具，主要
包括衣架、盆架、灯架、灯台等。

　　衣架，即用于悬挂衣服的架子，一般设在寝室内，外间
较少见。古人衣架与现代常用衣架不同，其形式多取横杆式。

两侧有立柱，下有墩子木底座。两柱间有横梁，当中镶中牌子，顶上有长出两柱的横梁，尽端圆雕龙头。古人多穿长袍，衣服脱下后就搭在横梁上。

盆架分高低两种，高面盆架是在盆架靠后的两根立柱通过盆沿向上加高，上装横梁及中牌子。可以在上面搭面巾。另一种是不带巾架，几根立柱不高过盆沿。

灯台和灯架。灯台属座灯类，常见为插屏式，较窄较高，上横框有孔，

清乾隆·紫檀雕六方须弥座宫灯架

灯架上方为铜鎏金夔凤纹悬环钮。器座六面站牙均缕雕螭龙纹。底座为典型的六方须弥座，饰以仰伏莲纹及回文，疏朗有致，极富层次。这件器物架品相完好，用料及做工均是皇家风范，形制和规格极为高贵。

有立杆穿其间，立杆底部与一活动横木相连，可以上下活动。立杆顶端有木盘，用于座灯。为防止灯火被风吹灭，灯盘外都要有用牛角制成的灯罩。

灯架原为古代的照明工具，通常由灯杆和底座组成，历史非常久远。据相关文献记载，在春秋时期，鲁班在营造宫殿时，曾用木条做支架，四周围帛，燃灯其中，虽然构造极其简单，但可以说是原始灯架的雏形。

灯架既可不依桌案，又可随意移动，不仅是古代室内照明用具之一，还具有陈设作用。明清时期，尤其是进入清朝

以后，灯具款式众多，而且有些是前所未有的，有圆形、方形、六方、八方、花篮、双鱼、套环、葫芦、亭子、双象为底座的"太平有象"等，千姿百态，各具特色，不少成为工艺精湛的收藏品。

从结构上看，灯架大致可以划分为固定式、升降式和悬挂式三种，常见的有置于地上的立灯、置于桌案几架上的座灯、悬挂于楼堂庭院的挂灯、手持的把灯、引路的提灯，装于墙上的壁灯等。

第二节　家具制作流程

　　紫檀家具的做工与一般木材的做工不一样，有"紫檀工"之说，即根据紫檀木的特性，按照独特的工艺进行加工的一种方法。

　　明式家具多用饱满、圆润、光洁、流畅的线条来展示其简洁、雅致、厚重。一般不加雕饰、光素结合，紫檀木本身高贵的质地、色泽、纹理及成器后给人浑圆、厚重、静穆的感受，这是"紫檀做工"的一种。另外一种，特别是进入清朝乾隆、嘉庆以后，为了尽显大清帝国的富裕、奢华，紫檀木坚重细密、油性重、色泽一致的天性则刚好满足工匠任意雕琢、展示才气的愿望，形成了图案设计布局精美、匠心独具的雕饰家具。

清乾隆·紫檀镂雕缠枝花卉站牙

　　历史上由于紫檀家具的制作多集中于宫廷及达官贵人的手里，文人参与设计制作，集中全国手艺高超的广州、苏州工匠，制作了一大批艺术水准极高的紫檀家具。目前，除了故宫以外，国内其他博物馆及大收藏家的手中均有不少精美绝伦的传世之作。美国及英国的博物馆馆藏甚丰，已将其作为镇馆之宝。

一件紫檀家具从设计到成型，凝结了许多工匠的心血和汗水。一般而言，一件紫檀家具要经过开料、烘干、选料，榫卯、造型、打平、倒棱角、粗雕、细雕、加固、组装，刮磨、上蜡等多道工序方能出厂。

下面，笔者将就一些重要的程序择要简介。

一、选料

同样的两件家具，用料相同，但料的品质不同，它的价值也不同。同样是檀香紫檀，上等料要五六十万元一吨，中等料要三四十万元一吨，下等料要二十几万元一吨，选用不同的料，成本也就不同。如果用好的料，家具就很少有贴补，

紫檀九龙熏

用的料不好，贴补就多。如一个条案，它的面板是两拼的就比三拼四拼的要珍贵，因为两拼的料的价格高。

二、开料、烘干讲究多

选好料后就要开料和烘干。开料非常讲究，它要看木料的纹理，尽量把花纹好的地方用在家具的大面上，讲究整套家具颜色的一致性，保证木料的充分利用。就拿顶箱柜做例子，顶箱柜从前到后，从里到外，木料的选择都很独到，面

板花纹一致，浑然一体。

　　木材烘干大厂一般选用的是蒸汽烘干法，这种工艺方法基本上能适应北方冬天用暖气、夏天潮湿的气候环境，这样的烘干设备是一般小厂所不具备的，一台这样的设备就要十几万元。

三、榫卯和拼板

　　榫卯结构是古典家具的精华，好的家具一定要按照传统的榫卯结构来做，这样做出来的家具才结实而美观，拼板就是两块板的结合，讲究的厂家两块板之间要用到榫卯结构，这样拼出来的板结实牢靠，如果为了省事，两块板一粘，那就有点不太用心，顶箱的柜板和板之间按照最严格的榫卯结构来结合，使两块板紧密地结合起来。

四、雕刻

　　例如一块1米长，40厘米宽的用在顶箱柜上的七层雕刻云龙板，其雕刻过程要经过打坯、修光、打磨、细活四道工序。打坯就是把设计的形状体现出来；修光就是把细节用心处理，把艺术效果表现出来；打磨，就是把雕刻的毛刺什么的磨平了；细活，就是在其他三步的基础上，刻出细线来，例如把龙鳞、山水纹等雕刻出

紫檀雕花笔筒

来，哪一道工序不到位，这一套家具就漂亮不起来。

就用时来细分，上述的那块板，打坯要 45 个工，修光要 46 个工，打磨要 15 个工，细活也要 5 ~ 6 个工；这一块板，光是雕工就要一百多个工，一件家具饱含着工匠和设计师的心血和汗水，其艺术价值和收藏价值很大一部分体现在雕工上。

五、组装和刮磨、细磨

雕刻和榫卯结构基本完成后，剩下的就是组装和刮磨了，例如云龙纹的顶箱柜，组装要花两个人一个月的工夫；刮磨就是把家具的里里外外的毛刺都去掉，这也要用三十多个工。

紫檀嵌景泰蓝如意

刮磨后是细磨，家具的方方面面都要打磨，用工要 50 ~ 60 个。

六、打蜡

细磨之后，还要打蜡，打完蜡一件家具就出世了。

第三节　手串之作流程

经常有人询问紫檀手串是怎样加工出来的，具体需要用到哪些工具，下面就大概介绍一下这方面的知识。

一、选料

由于紫檀的大料很少，而且在可能的情况下都是家具优先，所以紫檀手串所用的木料基本上都是一些下脚料，规格也很不规则，所以选料是非常关键

紫檀佛珠

的一步。比如出 2.0 厘米规格的珠子就要选择破出方条之后最小直径在 2.2 厘米以上的料。当然了，如果木料的规格比较好，那么出来珠子的成本就会降低，所以现在规格好些的料都非常贵，就是行内所说的"净料"。

二、开料

把料开出方条准备上车床。开紫檀的锯口一定要小，避免吃掉太多的"肉"，毕竟料都是按斤来的。成色好的料已经达到好几百元一斤，锯口的大小也决定着成本的高低。

三、上车床

开出长条料之后上车床把料找直，出圆，为出珠子做准备。

四、上内圆车刀出珠

五、打眼

六、抛光

紫檀手串

七、串绳

一串好的手串不仅要选料上乘，而且做工也要用心，珠子里只有融入了创作者的心血，才会有好的品相。

例如打眼，一定要顺着纹路两面打眼，否则穿出的珠子外观就不规整，大大影响了其品相，一颗好的珠子也会因为做工的失误而损失其收藏价值。

需要注意的是，新打磨出来的珠子切忌上油，也许很多人会这样做，可是一旦这样处理，虽说初期珠子会光彩夺目，但一经上手，很快就会变得暗淡无光，失去亮丽的光泽，木质本应有的高贵品质也随之被破坏掉。

 **Tips :**

《红木》国家标准 GB / T 18107—2000
（关于紫檀部分摘录）

附录 A：紫檀木类树种的木材构造特征

A1 檀香紫檀 Pterocarpus santalinus L. F

散孔材。生长轮不明显。心材新切面橘红色，久则转为
深紫色或黑紫色，常带浅色和紫黑条纹，划痕明显；木屑水浸
出液紫红色，有荧光。管孔在肉眼下几不得见；弦向直径平均
92 微米；数少至略少，3～14 个 /
平方毫米。轴向薄壁组织在放大镜
下明显，主要为同心层式或略带波
浪形的细线（宽 1～2 个细胞），稀
环管束状。木纤维壁厚，充满红色
树胶和紫檀素。木射线在放大镜下
可见；波痕不明显；射线组织同形单
列。香气无或很微弱；结构甚细至
细；纹理交错，有的局部卷曲（有
人借此称为牛毛纹紫檀）；气干密度
1.05～1.26 克 / 立方厘米。

紫檀笔筒

附录 B：花梨木类树种的木材构造特征

B1 越柬紫檀 Pterocarpus cambodianus Pierre

紫檀 把玩艺术

散孔材，半环孔材倾向明显。生长轮略明显。心材红褐色至紫红褐色；木屑水浸出液红色。管孔在肉眼下可见，含红色树胶；弦向直径最大 172 微米，平均 139 微米；数甚少至略少，2～6 个／平方毫米。轴向薄壁组织在放大镜下明显，主要为同心式或略呈波浪形的细线状（宽 2～3 个细胞，在生长轮外部较多）。木纤维壁厚，充满红色树胶。木射线在放大镜下可见；波痕可见；射线组织同形单列。有香气；结构细；纹理交错；气干密度 0.94～1.01 克／立方厘米。

B2 安达曼紫檀 Pterocarpus dalbergioides Benth

散孔材，半环孔材倾向明显。生长轮颇明显。心材红褐色至紫红褐色，常带黑色条纹；划痕可见；水浸出液黄褐色，有荧光。管孔在生长轮内部，肉眼下颇明显，弦向直径最大 310 微米，平均 149 微米；数甚少至少，2～5 个／平方毫米。轴向薄壁组织在放大镜下明显，主要为同心式的细线状及断续聚翼状（多数宽 2～3 个细胞，在生长轮外部较多）。木纤维壁薄至厚。木射线在放大镜下可见；波痕在放大镜下略见；射线组织同形单列，香气无或很微弱；结构细；纹理典型交错，鹿斑花纹；气干密度 0.69～0.87 克／立方厘米。

B3 刺猬紫檀 Pterocarpus erinaceus Poir

散孔材，半环孔材倾向明显。生长轮略明显或明显。心材紫红褐或红褐色，常带;深色条纹；划痕可见。管孔在生长轮内部，肉眼下可见；弦向直径最大 290 微米，平均 177 微

清·嵌云石紫檀文具盒

米；数甚少至略少，2～7个/平方毫米。轴向薄壁组织丰富，在放大镜下明显或可见，主要为带状及细线状（多数宽2～4个细胞）。木纤维壁薄至厚。木射线在放大镜下明显；波痕可见；射线组织同形单列。香气无或很微弱；结构细；纹理交错；气干密度0.85克/立方厘米。

B4 印度紫檀 Pterocarpus indicus willd

半环孔材或散孔材。生长轮明显。心材红褐色、深红褐色或金黄色，常带深浅相间的深包条纹；划痕未见；水浸出液深黄褐色，有荧光。管孔在生长轮内部，肉眼下颇明显，弦向直径最大258微米，平均141微米；数甚少至略少，1～12个/平方毫米；常含黄包沉积物。轴向薄壁组织丰富，在放大镜下明显，主要为同心层式傍管窄带状、聚翼状及细线状（宽1～4个细胞）。木纤维壁薄至厚。木射线在放大镜下可见；波痕在放大镜下明显；射线组织同形单列。新切面有香气或很微弱；结构细；纹理斜至略交错，有著名的Amboyna树包（瘤）花纹；气干密度0.53～0.94克/立方厘米。此种株间材色和重量差异很大。

B5 大果紫檀 Pterocarpus macarocarpus Kurz

散孔材，半环孔材倾向明碌。生长轮颇明显。心材橘红、砖红或紫红色，常带深色条纹；划痕可见至明显；木屑浸出液浅黄褐色，荧光弱或无。管孔在生长轮内部者较大（但占生长轮的比例较其他种小），在肉眼下可见；弦向直径最大269微米，平均127微米；数甚少至略少，1～15个/平方毫米，常含黄色沉积物。轴向薄壁组织在肉眼下明显，主为同心层式傍管带状/聚翼状及细线状（宽1～4个细胞）。木纤维壁厚。木射线在放大镜下可见；波痕在放大镜下略明显或明显；

射线组织同形单列。香气浓郁；结构细；纹理交错；气干密度
0.80～0.86克／立方厘米。

　　B6 囊状紫檀 Pterocarpus marsuplum Roxb

　　散孔材，半环孔材倾向明显。生长轮颇明显。心材金黄
褐或浅黄紫红褐色，常带深色条纹；划痕未见；木屑水浸出液
红褐色，有荧光。管孔在生长轮内部者较大（但所占生长轮的
比例较小），在肉眼下可见；弦向直径最大344微米，平均174
微米；数少，3～5个／平方毫米。轴向薄壁组织在肉眼下明显，
主要为同心层式傍管带状及细线状（宽多数2～3个细胞）。
木纤维壁略厚，直径最大20微米。木射线在放大镜下可见至
明显；波痕在放大镜下略明显或明显；射线组织同形单列（较
多）及多列（2列）。香气无或很微弱；结构细，纹理交错；气
干密度0.75～0.80克／立方厘米。

　　B7 鸟足紫檀 Pterocarpus pedatus Pierre

　　散孔材，半环孔材倾向明显。生长轮颇明显。心材红褐
至紫红褐色，常带深色条纹，划痕未见；
木屑水浸出液荧光明显。管孔在生长轮
内部者较大（但所占生长轮的比例较小），
在肉眼下颇明显，含树胶；弦向直径最大
284微米，平均143微米；数甚少至略少，
2～11个／平方毫米。轴向薄壁组织在
肉眼下明显，主要为同心层式傍管窄带
状、聚翼状及细线状（宽1～3个细胞）。
木纤维壁厚。木射线在放大镜下可见；波
痕亦然；射线组织同形单列。香气浓郁；

紫檀摆件葡萄

结构细；纹理交错；气干密度 0.96 ~ 1.01 克／立方厘米。

附录 C：香枝木类树种的木材构造特征

C1 降香黄檀 Dalbergia odorifera

散孔材至半环孔材。生长轮颇明显。心材新切面紫红褐或深红褐色，常带黑色条纹。管孔在肉眼下可见至明显，弦向直径最大 208 微米，平均 114 微米；数甚少至略少，2 ~ 12 个／平方毫米。轴向薄壁组织肉眼下可见，主要为傍管带状（多数宽 1 ~ 数个细胞）及聚翼状。木纤维壁厚。木射线在放大镜下明显；波痕可见；射线组织同形单列（甚少）及多列（2 ~ 3 列，4 列偶见）。新切面辛辣气浓郁，久则微香；结构细；纹理斜或交错；气干密度 0.82 ~ 0.94 克／立方厘米。

附录 D：黑酸枝木类树种的木材构造特征

D1 刀状黑黄檀 Dalbergia cultrate Grah

散孔材。生长轮不明显或略明显。心材新切面紫黑或紫红褐色，常带深褐或栗褐色条纹。管孔在肉眼下略见，弦向直径最大 182 微米，平均 118 微米；数甚少至略少，0 ~ 12 个／平方毫米。轴向薄壁组织较多，在肉眼下明显，主要为同心层式波浪形，傍管带状及细线状。木纤维壁厚。木射线在肉眼下不见；波痕在放大镜下可见；射线组织同形单列及多列（多数 2 ~ 3 列）。新切面有酸香气。结构细；纹理颇直；气干密度 0.89 ~ 1.14 克／立方厘米。

D2 黑黄檀 Dalbergia fusca Pierre

散孔材。生长轮不明显或略明显。心材新切面紫褐、黑褐或栗褐色，常带明显的紫或黑褐色窄条纹。管孔在肉眼下略见，弦向直径最大 275 微米，平均 143 微米；含黑色树胶；

数甚少至略少，1～6个/平方毫米。轴向薄壁组织颇明显，主要为同心层式窄带状（宽2～数个细胞）。木纤维壁甚厚。木射线在放大镜下明显；波痕亦然；射线组织同形单列及多列（多数2～4列）。无酸香气或很微弱；结构细；纹理斜或交错；气干密度1.04～1.20克/立方厘米。

D3 阔叶黄檀 Dalbergia latifolia Roxb

散孔材，生长轮不明显或略明显。心材浅金褐、黑褐、紫褐或深紫红色，常有较宽但相距较远的紫黑色条纹；木屑酒精浸出液有明显紫色调。管孔在肉眼下明显，含树胶；弦向直径最大267微米，平均144微米；数少至略少，3～17个/平方毫米。轴向薄壁组织颇明

紫檀素笔筒

显，主要为环管束状、聚翼状及波浪形窄带状。木纤维壁薄至略厚。木射线在放大镜下可见；波痕亦然；射线组织同形单列（甚少）及多列（2列），稀异形Ⅲ型。新切面有酸香气；结构细（较其他种略粗）；纹理交错；气干密度0.75～1.04克/立方厘米，多数0.82～0.86克/立方厘米。

D4 卢氏黑黄檀 Dalbergia louvelii R.Viguier

散孔材。生长轮不明显。心材新切面橘红色，久则转为深紫或黑紫色。管孔在肉眼下几不得见；弦向直径最大206微米，平均149微米；数少至少，1～4个/平方毫米。轴向薄壁组织在放大镜下明显，主要为同心层型的细线（宽1～2

个细胞），且排列规整。木纤维壁厚。木射线放大镜下可见；波痕不明；射线组织同形单列。酸香气微弱；结构甚细至细；纹理交错；有局部卷曲；气干密度 0.95 克／立方厘米。

D5 东非黑黄檀 Dalbergia melanoxylon Guill.&Peer

散孔材。生长轮不明显。心材黑褐色至黄紫褐色，常带黑色条纹。管孔 L 在肉眼下可见，弦向直径最大 133 微米；平均 72 微米；数少至略少，5～14 个／平方毫米。轴向薄壁组织较少，在肉眼下通常不见，主要为离管型、星散聚合、细线状及聚翼状。木纤维壁甚厚。木射线放大镜下可见，波痕亦然，射线组织同形单列及多列（2 列）。无酸香气或很微弱；结构甚细；纹理通常直；气干密度 1.00～1.33 克／立方厘米。

D6 巴西黑黄檀 Dalbergia nigra Fr.Allem

散孔材。生长轮明显。心材黑褐、巧克力色至紫褐色，常带有明显的黑色窄条纹。管孔在肉眼下颇明显，弦向直径最大 287 微米，平均 143 微米；数甚少至略少，2～7／个／平方毫米。轴向薄壁组织放大镜下明显，主要为离管型、环管束状及窄带状（宽 1～2 细胞）、星散聚合、聚翼状，常多于微凹黄檀。木纤维壁薄至厚。木射线在放大镜下明显，波痕在放大镜下明显，射线组织同形单列（数少）及多列（多数 2～3 列），异形 III 型倾向明显。新切面酸香气浓郁，结构细（较其他种略粗），纹理交错，气干密度 0.86～1.01 克／立方厘米。

D7 亚马孙黄檀 Dalbergia spruceana Benth

散孔材。生长轮明显。心材红褐、深紫灰褐色，常带黑色条纹。管孔在肉眼下可见，弦向直径最大 323 微米，平均 192 微米；数甚少至少，1～5 个／平方毫米。轴向薄壁组织在放大镜下明显，细线状（宽多数1细胞），环管束状明显。木纤维壁甚厚。木射线在放大镜下可见；波痕不明显；射线组织同形单列及多列（多数2列）。酸香气无或很微弱；结构细；纹理直至略交错；气干密度0.90克／立方厘米。

D8 伯利兹黄檀 Dalbergia stevensonii Tandl

散孔材，半环孔材倾向明显。生长轮明显。心材浅红褐、黑褐或紫褐色，常带规则或不规则相间的黑色条纹，色泽比较均匀。管孔在肉眼下明显，弦向直径最大269微米，平均88微米；数略少至略多，11～24个／平方毫米。轴向薄壁组织在肉眼下略明显，主要为窄带状及细线状（多数宽1个细胞，与射线交叉局部略呈网状）及环管束状。木纤维壁厚。木射线在放大镜下略见；波痕在放大镜下可见（木射线叠生构造不明显）；射线组织同形单列及多列。酸香气无或很微弱；结构细；纹理直；气干密度0.93～1.19克／立方厘米。

清末·紫檀笔筒

附录E：红酸枝木类树种的木材构造特征

E1 巴里黄檀 Dalbergin bariensis Pierre

散孔材。生长轮明显。心材新切面紫红褐或暗红褐色，常带黑褐或栗褐色细条纹。管孔在肉眼下略见，弦向直径最大326微米，平均144微米；数甚少至略少，0～12个／平方毫米。轴向薄壁组织颇明显，主要为细线状（宽1～3个细胞），与射线交叉大部呈网状。木纤维壁甚厚。木射线在放大镜下明显；波痕在放大镜下未见或可见；射线组织同形单列（甚少）及多列（2～3列）。酸香气无或很微弱；结构细；纹理交错；气干密度1.07～1.09克／立方厘米。

清·紫檀花鸟笔筒

E2 赛州黄檀 Dalbergia cearensis Ducke

散孔材。生长轮明显。心材粉红褐、深紫褐或金黄褐色，常带颇密和规则的紫褐或黑褐色细条纹（明暗对比较强烈）。管孔在肉眼下略见，径列复管孔（2～4）较其他种多；弦向直径最大250微米，平均77微米；数略少至略多，12～39个／平方毫米。轴向薄壁组织在放大镜下明显，主要为环管束状、稀短聚翼状、细线状及星散聚合。木纤维壁甚厚。木射线在放大镜下明显；波痕亦然；射线组织同形单列及多列，有异形Ⅲ型倾向。酸香气无或很微弱；结构甚细；纹理常斜；气干密度1.20克／立方厘米。

E3 交趾黄檀 Dalbergia cochinchinensis Pierre

散孔材。生长轮不明显或略明显。心材新切面紫红褐或暗红褐色，常带黑褐或栗褐色深条纹。管孔在肉眼下略见，含黑色树胶；弦向直径最大244微米，平均104微米，数甚少至略少，2～13个／平方毫米。轴向薄壁组织颇明显，主要为同心层式细线状（宽1～4个细胞，与射线交叉局部略呈网状或梯状），稀翼状。木纤维壁甚厚。木射线在放大镜下可见；波痕亦然；射线组织同形单列（较多或甚多）及多列（2列成对或2～3列）。有酸香气或微

紫檀
把玩艺术

弱；结构细；纹理通常直；气干密度1.01～1.09克／立方厘米。

E4 绒毛黄檀 Dalbergia frulescens var. tomentosa Tndl

散孔材至半环孔材。生长轮明显。心材微红、紫红色，常带深红褐或橙红褐色条纹。管孔在肉眼下略见至可见，弦向直径最大309微米，平均154微米；数甚少至略少，2～8个／平方毫米。轴向薄壁组织在放大镜下明显，主要为星散聚合、聚翼状、环管束状及细线状。

木纤维壁厚。木射线在放大镜下可见；波痕亦然；射线组织同形单列及多列，有异形Ⅲ型倾向。酸香气无或很微弱；结构细；纹理通常直；气干密度0.90～1.10克／立方厘米。

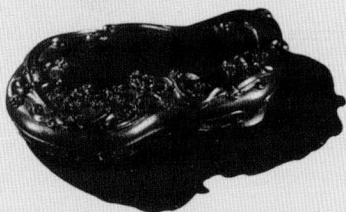

黄檀摆件

E5 中美洲黄檀 Dalbergia granadillo Pittier

散孔材。生长轮明显。心材新切面暗红褐、橘红褐至深红褐色，常带黑色条纹。管孔在肉眼下可见至明显，含树胶；弦向直径最大264微米，平均199微米；数甚少至少，1～5个／平方毫米。轴向薄壁组织在放大镜下明显，星散聚合、聚翼状、环管束状及窄带状或细线状（多数宽1个细胞，与木射线相交局部网状略见）。木纤维壁厚。木射线在放大镜下明显（新切面上橘红色）；波痕不明显；射线组织同形单列，2列可见。新切面气味辛辣；结构细；纹理直或交错；气干密度0.98～1.22克／立方厘米。

E6 奥氏黄檀 Dalbergia oliveri Gamb

散孔材。生长轮明显或略明显。心材新切面柠檬红、红褐色至深红褐色，常带明显的黑色条纹；木屑酒精浸出液红褐色。管孔在肉眼下颇明显，弦向直径最大 312 微米，平均 189 微米；常含褐黄至红褐色树胶；数甚少至略少，1～11 个／平方毫米。轴向薄壁组织数多，在肉眼下明显，主要为傍管型，聚翼状及窄带状或细线状（宽 1～8 个细胞，多数 2～4 个细胞，常与射线交叉呈明显的网状）及星散聚合。木纤维壁厚。木射线在放大镜下可见；波痕在放大镜下可见；射线组织同形单列（甚少）及多列（2 列），异形 III 型倾向稀见。新切面有酸香气或微弱；结构细；纹理通常直或至交错；气干密度 1.00 克／立方厘米。

E7 微凹黄檀 Dalbergia retusa Hesml

微凹黄檀笔筒

散孔材。生长轮明显。心材新切面暗红褐、橘红褐色至深红褐色，常带黑色条纹。管孔在肉眼下可见至明显，弦向直径最大 351 微米，平均 139 微米；数甚少至略少，1～12 个／平方毫米。轴向薄壁组织在放大镜下明显，主要为离管型、星散聚合、细线状（多数宽 1～数个细胞，与木射线相交，局部网状可见）及聚翼状、环管束状。木纤维壁厚。木射线在放大镜下明显（新切面上橘红色）；波痕不明显；射线组织同形单列。新切面气味辛辣；结构细；纹理直或交错；气干密度 0.98～1.22 克／立方厘米。

肆

辨伪篇：紫檀选购

紫檀价格不菲，动辄数十万元、上百万元，甚至上千万元，于是，个别不良商家便打起了它的主意，以次充好、以假充真，昧着良心干起了伤害消费者权益的事情。在这种情况下，为了避免上当受骗，我们必须擦亮慧眼，掌握一些基本的选购常识。

第一节　紫檀家具选购

"檀"，在梵语中是布施之意，它坚实硬朗，芬芳永恒，色彩古朴、深沉，在一些国家被奉为圣物。在我国，明末清初时期，紫檀木是皇家御用之木，身份高贵。如今，收藏"寸檀寸金"的紫檀木，既被认作是文化与时尚的行为，又是身份与财富的象征。

紫檀瘿笔筒

一、选购要点

紫檀有三个非常重要的特点，即有荧光、有划痕、沉于水，这样的木料很少，因此凭借这三点就可以将其与大部分木料区分开来；在此基础上，我们可以根据颜色、气味、纹理、棕眼和油质感等方面的特点进一步准确地将紫檀识别出来。具体而言，可以采用下面的步骤来进行识别：

1. 问木料的产地

市面上有很多木材打着紫檀之名，那么不妨打听一下产地。如果是产于印度，则可以进行下一步的实验；反之，则加以排除。

2. 闻香气

紫檀通常带有一股淡淡的清香味道（似檀香味），用锉刀锉一下，即可闻到这种香味。如果根本没有味道或者味道过于强烈的话，则可以直接排除；反之，则可以继续下一步的实验。

紫檀笔洗

3. 看是否沉水

取一块已经干燥好的木片放入水中，看其是否能够沉入水中，由于紫檀的比重大于水，所以如果能够沉入水中，则可以进行下一步的实验；反之，则加以排除。

4. 看是否有划痕

找来一张白纸，将该木片在纸上划过，观察纸上是否有紫红色的划痕。由于紫檀中有紫檀素，所以如果出现这种颜

色的划痕，则可以进行下一步的实验；反之，则加以排除。

将与该木片同体的木屑放入盛有清水的玻璃杯中（木屑与水的比例：体积比大约 1：3～1：10），若是紫檀则过 12 小时可见水的最上层（视觉效果：水的最上层和玻璃杯壁附近最明显）有蓝色机油般荧光现象，过 24 小时后则荧光更明显。这一步通常用来排除卢氏黑黄檀等其他酸枝木和非紫檀属木材。因此，如果有荧光现象，则可以进行下一步的实验；反之，则加以排除。

观察上一步中木屑浸出液的颜色。如果该浸出液的颜色为紫红色（颜色的深浅与取材的部位、水的多少及浸泡时间的长短有密切关系），则可以进行下一步的实验；反之，则加以排除。

清·紫檀笔海

如果是紫檀的话，则整个生长轮内，管孔直径略相等且分布较均匀；横切面可用一把锋利的刀一刀削成，最好不要回刀，观看时可涂一些清水，最好用 10 倍放大镜或更高倍数的放大镜观察；若分布较均匀或不好确定，则可以进行下一步的实验；反之，则加以排除。

在横切面上观察生长轮，由于紫檀的生长轮不明显，因

紫檀
把玩艺术

89

此，如果生长轮不明显或不好确定，则可以进行下一步的实验；反之，则加以排除。

9. 看板面材色

一般而言，紫檀的新剖面为橘红色，久则为深紫色或黑紫色，常带浅色和紫黑色条纹。因此，如果符合这种情况或不好确定，则可以进行下一步的实验；反之，则加以排除。

紫檀雕花笔筒

10. 看纹理

紫檀的纹理卷曲明显，称为"牛毛纹"。紫檀木的弦切面——顺着树干主轴或木材纹理方向，不通过髓心与年轮平行或与木射线成垂直的纵切面——金丝细长稀疏，若隐若现，可见有规则的山峰。因此，如果符合这种情况或不好确定，则可以进行下一步的实验；反之，则加以排除。

11. 看木料的油质感

紫檀木料的油质感很强，因此，如果符合这种情况或不好确定，则可以进行下一步的实验；反之，则加以排除。

12. 横切面30倍放大

这是个人识别的最后一步，在木材的三个切面上，横切面提供了最为丰富的信息，要仔细观察横切面的特征，与国家标准《红木》中

紫檀玉兰梅花杯

的描述和图片相比较，若是紫檀则相符；反之，则加以排除。

一股而言，如果能够通过上述方法的检验，基本上就可以确定这种木料是紫檀；反之，如果有其中任何一步明显不符合则可判定不是紫檀。当然了，如果您对检测的结果仍有疑问的话，可取样（麻将大小）送有关部门（比如中国林科院）做木材树种鉴定。

以上是选紫檀木的几个要点，如要购买紫檀家具，那么在先确认了木材为紫檀木的基础上，还要考究其是哪个流派的工艺，是京作、苏作还是广作。当然，因为太过名贵，所以建议您在选购紫檀家具的时候，还是请一位专家随行为好。

二、预防销售陷阱

一方面，我们学会一些简单的鉴定之术，不致被人糊弄；另一方面，我们也要见识一下目前以紫檀木之名造假行骗的伎俩。例如，将紫檀木切成薄片贴在其他一些普通硬木上。这样，不论观外表、纹路还是掂量重量，都很容易被蒙混过去。此外，还要留意在名称上的混淆。为了提高木材身价，一些人常常会在名称上玩"山寨"，尽量往"紫檀"二字上靠。比如某种产自非洲的木材，因为纹路与紫檀接近，有人便冠以"非洲紫檀"之名。若是不知情的人光冲着"紫檀"二字而去，这可是会吃大亏的。

下面，笔者将就目前市场上比较常见的几种销

清·紫檀摆件

售陷阱谈一下自己的认识，并就如何避免掉入这样的陷阱提供一些参考性的意见。

1. 以假冒真

所谓以假冒真，就是用非紫檀木冒充紫檀。这种伎俩古已有之，并非现在的发明。至今仍有学者对故宫馆藏的部分紫檀家具是否是真紫檀还存在争议。现在市场上对木材的称谓五花八门，规律都是往"紫檀""黄花梨"等名贵木材上靠，借以抬高木材的价格，以牟取暴利。诸如"大叶紫檀""紫光檀""血檀""金丝檀木""非洲紫檀""非洲黄花梨"等，混淆消费者视听。消费者切记不要被这些眼花缭乱的俗称所迷惑，以至于最后用紫檀木的价格买了其他木材的产品。

紫檀镇纸

【注意事项】在交流咨询过程中使用专业术语名词，避免使用不规范的俗名。另外，决定购买时，一定要求在销售合同中注明材质为"檀香紫檀"，并标明违约责任和赔偿办法。

2. 局部替代

还有一种隐秘的手法是，整件家具上部分材料使用替代品，这些假紫檀木往往会用在看不到或不引人注意的地方，比如面下穿带、柜内枨子、抽屉围板底板、后背板等。个别小作坊会挑选与紫檀木颜色和纹理相近的木材进行造假，并通过表面染色处理逃过检验，普通消费者很难察觉。

【注意事项】如果辅料使用其他材质，亦须在合同中注明，否则应标注为"全檀香紫檀木"。在《深色名贵硬木家具》标准中规定，未注明"全"字的家具，可视为主体部分采用紫檀木，而内部和隐蔽处可以使用其他材种。

很多消费者在签订购买合同的时候没有重视这个问题，加之少数销售人员的刻意隐瞒，导致最终无法用法律手段维护消费者的切身利益。

3. 表皮包覆

包覆即在家具木材表面用约半厘米厚的一层紫檀木薄板贴覆，而内部用其他木材做芯。这种方法多用在平直的构件上，由于四面折角处采用45度拼接，从表面不易看出问题，一般消费者很难辨别。个别不良商家经常会在用材硕大的部位，如桌案的边抹、腿足、大柜的框架等处采用包覆手段。这类家具在标准上应称作"××木包覆家具"。

小叶紫檀笑佛

【注意事项】包覆型的家具必须在合同上标明，否则一经查实，是销售商违法，消费者可以通过法律手段维护自身权益。消费者在购买家具时，可仔细观察木头纹理是否过渡自然，一旦出现断纹，则很有可能做假。同时，也可观察90度折转面的木纹是否顺序过渡，如果两个面的木纹衔接不上，则是包覆无疑。

4. 构件拼接

这种情况通常出现于所谓的"独板"家具销售过程中。

通常来说，拼接往往出现在尺寸较大的某个构件上，自古已有之。比如桌案的大边、顶箱柜的立柱等，这类构件尺寸常有超过两米的，而紫檀大料稀少，取巧的解决办法就是拼接。

紫檀笔架

就具体的拼接方式而言，主要分为两种情况：其一是长度拼接，即将两根短料各切出一个斜面然后对接；其二是厚度拼接，用两块薄的板材叠摞粘接以增加厚度。

【注意事项】这种情况是否涉及欺诈关键在于销售厂家如何宣传，如果将拼接情况明示消费者则合情合理，但若将拼接家具作为独板家具出售，则大大损害了消费者的利益。值得注意的是，这种做法并不违背上述国家标准，消费者在购买前要仔细检查，否则很难维权。

5. 胶水拼补

红木家具出现拼补，多数原因是由于树木自身扭转不直，或腐烂脱落的活结形成空洞造成的。开料取材时为了提高出材率，降低成本，往往采取拼补的办法来解决。这种方法比较容易理解和接受，珍贵如紫檀木更是很难避免。一对紫檀木的椅子，价格从 5 万元到 50 万元都有，看的就是拼补的多少。

对紫檀家具而言，越是少有拼补的，价格也越高。拼补有用木条、木块的，也有用木粉掺胶水拼补的，而后者并不可取。

【注意事项】拼补多的家具，生产商往往会在打蜡之前先上几遍厚重的底漆，使木材表面几乎看不出纹理。甚至采用做旧的手段将新家具弄得跟老家

清·紫檀雕花笔筒

具似的，目的就是为了遮盖拼补的痕迹。所以有些紫檀家具看上去腻乎乎的显得特别"脏"，一旦擦洗干净，便原形毕露。消费者在购买此类家具的时候一定要谨慎，要看仔细。

6. 白皮"找色"

关于白皮，国标有严格规定：产品正视面用材应无边材（白皮）；其他部位零部件表面的边材面积含量，应不超过该零件表面积的 1／10。但仍有少数不良厂商超标使用白皮，为了不让消费者发觉，最常用的办

紫檀念珠

法就是"找色"法，将白皮染成黑红色以冒充芯材。

这种"找色"法起不了多久的作用，尤其当消费者购买使用一段时间后，表面经常擦拭的地方如果染色就会原形毕露。而内部和背面很少接触的地方则能保持较长时间，不易发觉，所以这些地方更容易白皮超标。

【注意事项】靠染色遮盖白皮跟拼接一样，即便是烫过蜡，也是经不住擦拭的。尤其是经过染色的白皮部位，多少会跟自然的木本色存在差异，仔细比较后很容易找到破绽。笔者建议消费者可以用白色的棉布擦拭，效果更为明显。

紫檀家具之所以名贵，在于其木材的致密性、油润性和通透性等特点。如果最后的表面处理打磨到位，紫檀家具本不需要做过于厚重的漆色，烫蜡也只是一种短时间的保护手段，过于厚重的漆蜡反而会遮盖紫檀本身纹理的优美和玉质般的琥珀感。清宫造办处对于紫檀家具的表面处理，基本采用"干磨硬亮"的手法，使其木质本身的优越性发挥到极致。所谓"南漆北蜡"的做法，也不是今天很多工厂采用的"漆托蜡"。"南漆"的上生漆基本是无色的，只是为了隔绝南方潮湿的空气，并非染色；"北蜡"的工艺亦是使其表面更具通透感，而不是那种油腻腻的效果，消费者需要明辨其中的差别。

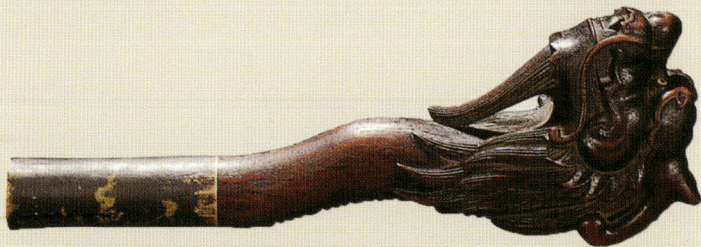

清乾隆·紫檀嵌象牙龙首杖头

7. 紫檀人工林

早在 20 世纪初期，印度就已经开始紫檀的研究培育和人工种植，今天在印度安德拉邦和卡纳塔克邦能看到很多人工林已逾百年，且已成材。大的人工种植紫檀木直径可达 40 厘米，很少有空洞，长约 2～5 米。我国广东、海南和台湾在 20 世纪四五十年代，亦开始人工种植紫檀木。

人工种植的紫檀木与野生紫檀虽然材种一致，但由于是在土质肥沃、阳光充足的平原地带生长，加上人工施肥培育，因此在色泽、密度、油性上要逊于野生林紫檀：人工种植的紫檀木材色较浅，多数呈浅紫红色甚至浅黄色，且不易被氧化成深色，需要人为着色处理；生长速度快，导致密度低，有一些比重不到 1，也就是不能完全沉于水；棕眼较之野生紫檀粗长，材质相对松软，油性较差。

人工林紫檀木和野生紫檀在经济价值上也存在一定区别。2006 年以前，人工林紫檀木的价格仅仅是野生紫檀的一半，但到如今其价格已接近野生紫檀。对于喜爱紫檀家具的发烧友来说，许多人追

紫檀人工林

求的是紫檀木那静谧、沉穆、庄重大气、温润如玉的赏玩性，所以野生紫檀更能满足他们的需求。

【注意事项】如果您是对紫檀家具有很高要求的发烧友，不妨向厂家索要家具用材的原料标本，仔细观察它的色泽、

密度和油性。最主要是做沉水实验，如果严格按照红木国标规定来讲，不能沉于水的木材是不能算作檀香紫檀的。

以上四大陷阱都是针对紫檀木材而言的，其实消费者在购买紫檀家具的时候，除了明辨木材之外，还要多注意紫檀家具的工艺和做工，比如榫卯是否严谨、雕刻是否合理、漆的使用是否正确等。

总体说来，购买收藏紫檀家具是个很不错的选择，只要树立正确的收藏观，通过理性的分析和学习规避风险，一定能购买到称心如意的紫檀家具精品。

第二节　紫檀小件选购

　　紫檀作为硬木家具材质的名贵品种，其古朴浑厚的大气之风在明清家具中得到极佳的诠释。自艺术品市场逐渐繁荣后紫檀家具的价格开始大幅上扬，近年来在拍卖场上屡创佳绩。在 2007 年香港苏富比春季拍卖会上，一件清乾隆御制紫檀木嵌"延年"龙凤纹古玉璧御题诗插屏拍出了 3448 万元的天价，为紫檀木雕艺术品价格最高的拍品。2008 年嘉德春拍一件清乾隆紫檀束腰西番莲博古图罗汉床以 3248 万元被买家收入囊中。

清·紫檀有束腰马蹄腿拐子纹嵌理石长椅

　　紫檀常常以大床、大柜现身拍场，如玫瑰椅之类轻巧秀丽的家具则少有使用紫檀为原材。由此收藏者自然而然地会产生这样一种感觉，即紫檀大件才是重要的目标，从而忽略了紫檀小件的市场价值潜力。

一、插屏如意价值高

　　分析紫檀器件的拍卖价格排名表，当下市场中工艺精湛的紫檀小件依然广受追捧。在 2008 年的中茂圣佳春季艺术品拍卖会上，一件尺寸仅为 39.2 厘米 ×34 厘米 ×16 厘米的紫檀雕高士图插屏竟以 470 万元的高价成交，该插屏屏心内为

紫檀
把玩艺术

透雕殿宇楼阁及山石树木，庭园等图景，其间有白玉雕人物谈古论今，游园亭台临水而建，殿宇耸立，回廊环绕，屏座浮雕饰夔龙纹、莲瓣纹。背面为御制描金五言诗一首。整体结构分明，雕工精细，为清乾隆时期所制的精品。

2006 年春，中国嘉德推出的一款乾隆期紫檀木玉如意以 429 万元的高价成交，这件紫檀三镶汉玉嵌金银御题诗如意，精选缜密坚实、纹理含蕴的上等紫檀木料雕制。器身一木连作，与三块汉代白玉衔接，其严丝合缝，浑然一体。木柄正面余地满饰浅浮雕变形云龙纹，此纹饰用延续及扩展白玉剑　上的兽面钩云纹，与其相呼应及映衬。木柄背面光素无纹，中脊弧度略高，并错嵌银片裁截的隶书御题诗文四十字："心澄何所事。腕动尽相随。雅合谈元执。那堪临阵麾。檀称香是体。玉以德为仪。有愿皆能遂。余心惧在兹。"

清·紫檀人物纹插屏

清乾隆·紫檀玉山子座

随行山子座以紫檀一木雕成，以山为形，山石起伏，草木点缀其中。自古我国爱玉崇玉，以美玉比喻君子，以玉为材所制山子，其底座也极尽考究，此座就为一例。

值得一提的是，乾隆朝因尚古而发展出来

的独特工艺设计创举三镶如意，即以竹、木为主题，首、腹、尾三处镶以玉器为饰，尤以装镶古玉为贵，它的形制具有富丽精湛的艺术风格，呈现出鲜明的皇家美术特色，自此成为清代中、后期如意形制的典范。这件作品体积虽小，但是因为是清宫御制藏品，又有乾隆皇帝的题诗，创出天价也在情理之中。

二、紫檀文房受追捧

明代文震亨《长物志》笔筒专条云："（笔筒）湘竹、棕榈者佳，毛竹以古铜镶者为雅，紫檀、乌木、花梨亦间可用。"可见古代文人对随处可取材的竹雕笔筒喜爱程度更甚于木质笔筒。但是随着时代的发展，木质笔筒，特别是紫檀笔筒的风头早已盖过竹雕笔筒。

2004年北京翰海推出的清宫旧藏紫檀雕云龙三屉长方宝盒，整体雕海水云龙纹，四边框均以回纹作装饰，以220万元成交。

2006年北京翰海再次推出一件清宫旧藏的清中期的紫檀嵌玉落花流水圆盒，直径仅有16厘米，但仍以88万元成

清·紫檀安居乐业摆件

该器通体雕琢成一对站立的鹌鹑，鹌鹑小首，双目圆睁，炯炯有神，身躯丰满，雕工细腻，刻画精巧，鸟身的羽毛层叠有序，纹丝不乱，鹌鹑生机勃勃，神态安详，悠然自得，惟妙惟肖。此作雕传统寓意纹样，主题鲜明，呈现出祥和温馨的景象，寓意吉祥美好，安居乐业。

交，用精品紫檀木制成，上下开启，盒立面的一周满雕海水纹，盒盖顶部的边缘上用银丝嵌出一固回纹，回纹内满雕的海水纹中镶嵌许多玉石雕成的花卉，是为落花流水图，寓意深远，故小小圆盒拍出高价。

2008年长风拍卖推出的清代康熙紫檀百宝镶文具盒，因以多种珍宝在盒盖上镶嵌出"禄膺九锡"图，工艺精湛细腻，最终以236万元成交。

2008年北京保利秋拍中，一件"大明万历年制"款紫檀龙纹笔以89.6万元成交。此笔笔管为紫檀制成，通体浅浮雕一升一降两条五爪云龙，纹饰构图清晰，整体风格粗放，生动传神，具典型万历时期龙纹特征，与现藏于北京故宫博物院的明万历檀香木雕龙凤纹管花毫笔的形制工艺如出一辙，为珍贵的明代宫廷用笔。

紫檀嵌百宝花鸟纹笔筒

据明代《广志绎》载："如斋头清玩、几案床榻，近皆以紫檀、花梨为尚——雕镂亦皆商周秦汉之式，海内僻远皆效尤之，此亦嘉、隆、万三朝为盛。"历代木质笔筒以花梨、紫檀、鸡翅木、金丝楠木、红木、乌木、榉木等为材料，其中以紫檀木、黄花梨木、沉香木等为贵。明代木雕笔筒简朴大方、花纹疏密有致，刀法具有神韵，富有文人气息。到了清代中期，文人参与制作笔筒之风渐弱，笔筒风格也从清新高逸转向繁复华丽。清康熙十九年（1680），内务府在宫廷设立造办处，从全国各地征调匠人为皇家制造所需的各类生活用品，由此，笔筒制作工艺更为讲究，各类精美无比的笔筒陈置于皇帝的书桌案头。有时，在一件小小的笔筒中，多种工艺充分结合，尽显雍容华丽之美。典型意义上的宫廷风格笔筒当以乾隆时期的御用笔筒为代表，由于乾隆皇帝求精求细的审美情趣，与其他工艺美术一样，笔筒制作一改康熙、雍正时的清新雅致而倾向工艺精工细致、纹饰华

紫檀嵌百宝·岁岁平安砚盒盖

丽繁缛的艺术风格。甚至，乾隆皇帝还亲自设计笔筒的图案，力求尽善尽美。由于笔筒的造型相当有限，艺匠们将目光投注于图案纹样的设计、装饰上，往往能将数种造型、纹样极尽搭配之能事，繁缛堆砌，构造出令人眼花缭乱的组合，充分表现出宫廷艺术华丽的美感。总的来看，宫廷木质笔筒的整体风格是"精、巧、秀"，在乾隆时期达到创作高峰。之后，笔筒设计、制作渐趋衰落，工艺繁复，风格烦琐，毫无雍容、华贵的意境，少有精品出现。

　　紫檀笔筒的制作大致分为两种：一种是依托中空材质，琢圆而成；一种是用六片左右的紫檀木拼镶而成。从工艺上看，紫檀笔筒分光素与带雕工的两类。光素笔筒突出木质的光泽和纹理，古雅大方；带有雕工的紫檀笔筒很少采用较为繁复的镂雕工艺，而是利用本身的色泽、纹理或棕眼加以表现，这样的雕工使得笔筒更加大方稳重，古朴典雅。

在 2012 年中国嘉德春拍中，鱼龙海兽紫檀笔筒以 5520 万元的高价一举刷新了木质笔筒的成交价排行榜，成为价格最高的木质笔筒，也是迄今为止价格第二高的笔筒。这只明代周翥制鱼龙海兽紫檀笔筒原为清宫旧藏，后由著名文物专家、收藏家王世襄 1950 年得于北京荣宝斋。王世襄根据浮

明·浮雕鱼龙海兽紫檀笔筒

雕二龙的表现类似永、宣瓷器上的龙纹以及其他动物的奇古之貌，认为此笔筒绝非晚明所能有；又将其与朱守城墓出土的紫檀螭纹扁壶相比，认为其时代风格显然早于万历，其年代可能早至 15 世纪中叶。

这件笔筒器表满浮雕鱼龙海兽图像，最引人注目的主角是气势慑人的二龙。值得注意的是，它们的形态、风格与表现方式与其他造型奇古的海兽有异，二龙一为海水龙，一为腾云龙，它们本来就是明代龙纹两种最常见的表现方式。二龙各自盘踞在椭圆形状笔筒较宽的一面。身形较大的龙以矫跃之姿从海中翻腾跃出海面，激起汹涌波涛，龙身呈现双“S”形的盘旋姿态。龙首丰颐而突出，长喙巨开，脑后鬃鬣分为两股向外奋张，神态威猛有力，成功地表现巨龙扭身转首，仿佛要破壁飞出的瞬间姿态，可说是整个浮雕最精彩之处。另一面，身形较小的龙则是腾云飞翔，身躯有部分出于画外，其势如从空中俯冲而下，迅即转身急停。它的龙爪向前探出，

目光恰与另一龙遥相对望，两者俨然形成分庭抗礼之势。从面对笔筒较宽一面的正面视角观赏之，可发现二龙的龙尾则又分别"藏"于笔筒较窄一面的波涛旋涡和卷云中，使二龙行藏更显得变幻莫测、迷离莫辨，犹如后世所形容的神龙见首不见尾。此笔筒的口沿有一圈"百宝嵌"的镶嵌装饰，系以螺钿、宝石等为材料，并且错银丝为缠枝蔓，镶嵌出缠枝莲花与宝相花等纹饰。"百宝嵌"是漆器工艺的镶嵌装饰技法，但也运用于紫檀、黄花梨等硬木上。其做法是先在漆地或木胎上刻挖出浅凹槽，再把各种金银、宝石或贝壳等珍贵镶嵌物粘嵌上去作为装饰；百宝嵌要求的是色泽缤纷华丽的效果，嵌饰凸起于器表，有立体感，形成凹凸起伏的效果，这是其有别于唐、宋以来的螺钿、平脱工艺之处，相传此法为活跃于扬州的工艺家周翥所创。

　　该笔筒作者周翥，吴县（今苏州）人，活跃于明代嘉靖中期，然其确切生平不详。其人其艺在明、清士大夫的笔记中常见记载，历史文献中显示周翥并非只是一位不通文墨的工匠；称他精于雕镂嵌空，作品宛如图画，显示周翥除具有深厚的雕刻功力，复有丹青之长，有多方面的艺术造诣。此外，更值得注意的是，《吴县志》为"风雅"人物立传，而周翥以艺匠身份得与唐寅等苏州知名文士齐名，可见晚明吴人对周翥的人品已是极为仰慕、推崇。周翥的百宝嵌广受欢迎，其物以人名、"周制"或"周嵌"为周翥作品与百宝嵌的代名词。其声誉之高、珍贵价昂，在晚明时已犹如今日的名牌精品，蔚为风尚。而这个鱼龙海兽紫檀笔筒，由于其口沿带状装饰的尺寸较小，此处的百宝嵌并没有明显凹凸的浮雕效果。然而其嵌工紧密，其用于表现花瓣纹路等细节处的线刻、毛雕更是一丝不苟、精致入微；至于艺匠的雕刻与构图功力已如前述，充分展现于高浮雕鱼龙海兽图像上。如此流传有序、雕工精湛、工艺复杂的名家名作获得如此高价实属实至名归。

三、佛教雕像潜力大

紫檀木雕也常用于佛家物品中，2008 南京正大拍卖年春季拍卖会上一件海外回流的紫檀雕鱼纹佛龛以 99 万元成交，佛龛通体均选用上等紫檀精制而成，纹理细腻美观，形态为亭楼建筑缩影，两侧立雕鱼龙纹，内部三层对开帷幕，后做雕山水大屏风，工艺考究，制作精美；层次分明，立体感强，气韵不凡，整体上宏伟庄重。佛珠亦是拍场常见之物，价位在几千元至几万元不等。虽然整体价格不及宫廷御制的插屏如意，但对于投资者来说也是一个较为合适的门类。

观音立像以紫檀雕刻而成，头着帽，颈饰璎珞，大耳垂下，缀有圆形大耳环。双目下视，两颊丰满，嘴唇稍抿，左手握于右臂腕部，足立于莲花须弥宝座之上。衣着繁复，饰件较多，整体形象庄重、肃穆。这件紫檀雕观音立像雕工精美，结构准确，是木雕观音佛像中的上品。

清早期·紫檀雕观音立像

此外，紫檀所制的其他工艺品亦受藏家珍爱，2007 年天津文物拍卖一件由著名收藏鉴赏家孙赢洲先生家藏之紫檀宫灯亮相拍场，以49.5万元成交。

四、紫檀小件巧选购

当前，由于受到金融危机的
影响，再加上本就身价极高的紫
檀木材价格在近期变化极大，导
致无论新旧紫檀家具的价格都带
有较大水分，不适合普通藏家收
藏，也令某些买家对于紫檀大件
望而却步，因此，不妨从价格相
对较低的紫檀小件入手，选择工
艺精湛、流传有序的作品进行收
藏和投资。

清乾隆·紫檀嵌象牙风筝轴

例如，挑选紫檀笔筒和插屏
的时候，主要注意年代和工艺，先从材质上判断类别，再根
据时代风格和雕刻技巧以及包浆判定年代，如果确认是明清
紫檀对象，是否为宫廷御制就很重要了。

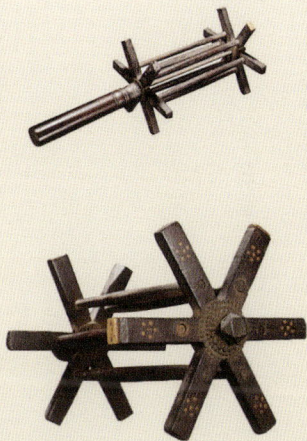

紫檀
把玩艺术

第三节　紫檀手串选购

在选购紫檀手串的时候，应该注意以下几个重要的方面。

一、材质是否为紫檀

挑选紫檀木质的手串，首先看是否是真的紫檀（即檀香紫檀），闻味儿是不可行的，建议最好备一个20X或30X的放大镜，仔细观察木珠子的表面生长纹，真正紫檀的生长纹是呈"S"状的，不是直的，是弯曲的，很密，间隔也就1毫米，或更小，有很细的棕眼，如果是牛毛紫檀，棕眼更密（牛毛紫檀很难见到）。

一般用所谓的大叶紫檀来冒充檀香紫檀，大叶紫檀学名叫卢氏黑黄檀，属于黑酸枝类，生长纹是直的，带比较直的黑条纹，做家具还可以，但没有文玩价值！

紫檀手串

二、珠子是否为正圆

如果确定是真的紫檀，再看车的（加工的）是否是正圆，那种两头扁的像算盘珠的手串品相都不好，如果中间加隔片还凑合，但如果你喜欢加隔片，还是选算盘珠类的。

三、珠孔是否在中心

检查每个珠子的孔是否在中心（平放在桌面或其他平的

地方，看是否在一条直线上），如果加工的孔不在中心，穿的线会扭曲，戴在手上不好看。

老料小叶紫檀手串

四、是否契合实际需要

关于手串的数量（颗数）没有硬性规定，以你自己的手腕粗细决定，10～12颗都可以（加佛头），但要是佛珠，就要遵守佛教的规定，或108、54、27、21、18颗（均不包括佛头）。

五、是否带有金星

带金星的紫檀手串更有把玩性，牛毛紫檀只适合做笔筒或镇纸或家具，不适合把玩。

六、选择适当的配珠

在佛头后的叫"宝瓶"，宝瓶节扣终的配珠一般紫檀应该配象牙或琥珀等有机珠子——当然，这一点因人而异，并没有什么硬性的规定。

紫檀念珠

Tips：

佛珠的种类、数目及含义

佛珠，是佛教徒在念佛时为了专心一念，而拨动记数的随身法具。现在佛珠也逐渐扩大成为一种佩饰，非佛教徒也广为佩戴。佛珠的种类很多，若就其使用方面来讲，通常可分为三种类型：

1. 持珠：用手掐捻或者持念的佛珠。

2. 佩珠：戴在手腕或臂上的佛珠。

3. 挂珠：挂在颈上的佛珠。

每串佛珠由一个主珠、若干其他的珠子和穿绳三部分组成。主珠代表着佛，穿绳代表着法，若干其他的珠子代表着僧，佛、法、僧三宝都可以包含在一串佛珠之中。

为了更好地了解佛珠的种类，下面介绍一下佛珠各部位的名称。一串标准的佛珠应该包括母珠、子珠、隔珠（又称作"数取"）、弟子珠（又称作"记子"）、记子留和一些饰物组成。

母珠，俗称"三通"或"佛

清·紫檀小药箱

小药箱带底盘，设提梁，有站牙夹抱。活插门，内设抽屉五具。这件小药箱做工考究，保存完好，是晋作紫檀小件器物的经典之作。

头", 通常只有一颗, 但也有两颗的, 用于将不同数目的子珠归结于一处, 同时还可以起到连接弟子珠、记子留和一些饰物的作用。旧时的母珠多会在内部绘有佛像, 采用凸透镜的原理, 可以清晰地观察到里面的佛像, 更加使人感受到佛珠作为一种法具的庄严。

隔珠, 又称作"间隔珠"或"数取", 多用来将子珠平均分隔开。一般来讲, 隔珠均要比子珠稍大一些, 数量可采用一颗至三颗不等。如一百零八颗的佛珠和五十四颗的佛珠, 就需要每二十七颗子珠用一颗隔珠; 二十七颗、十八颗的佛珠, 则每九颗子珠用一颗隔珠。

弟子珠的体积比子珠要小一些, 一般以十颗或二十颗居多, 多穿在母珠的另一端, 以十颗为一小串, 如同算盘一样, 采用十进位, 用来计算掐捻过的数目。"十"这个数目代表了佛教的"十波罗蜜", 即: 施、戒、忍、精进、禅定、般若、方便、愿、力、智。

记子留是指每串弟子珠的末端所附的比弟子珠稍大一些的珠粒或者饰物, 也可以用线绳结成中国结来替代, 目的是为了防止弟子珠滑落。

明末·紫檀笔架

紫檀所制, 形似衣架。底足之间以三根直根连接固定, 立柱两侧装素面站牙, 顶部搭脑雕龙首状。造型简洁流畅, 线条空灵干练, 其特点在于其搭脑处, 龙首造型夸张, 以流畅圆润的线条勾勒整体, 并以阴刻技法雕出五官, 没有常见龙首之威猛之态, 而表现出一种慈态可掬、清新自然之气。

每串佛珠都由一定数目的子珠串缀而成，子珠数目随所据经典不同，表征不同的含义。下面就根据普遍流传的说法，将其不同的含义略述如下。

一．一千零八十颗

按天台宗理论，十界无不性具善恶，故一千零八十数目表示十界各有一百零八种烦恼，合成一千零八十种烦恼。"十界"表示整个迷与悟的世界，即：1．地狱界；2．饿鬼界；3．畜生界；4．修罗界；5．人间界；6．天上界；7．商闻界；8．缘觉界；9．菩萨界；10．佛界。

二、一百零八颗

这是最为常见的数目，为了表示求证百八三昧，断除一百零八种烦恼，从而使身心能达到一种寂静的状态。百八烦恼的内容，有多种不同的说法，总的来说，六根各有苦、乐、舍三受，合为十八种；又六根各有好、恶、平三种，合为十八种，计三十六种，再配以过去、现在、未来三世，合为一百零八种烦恼。

三、五十四颗

表示菩萨修行过程中的五十四个位次，其中包括十信、十住、十行、十回向、十地，再加上四善根位。分述如下。

十信：1．信心、；2．念心；3．精进心；4．慧心；5．定心；6．护法心；7．回向心；8．戒心；9．舍心；10．愿心。

十住：1．初发心住；2．治地住；3．修行住；4．生贵住；5．方便具足住；6．正心住；7．不退住；8．童真住；9．法王子住；10．灌顶住。

十行：1. 欢喜行；2. 饶益行；3. 无瞋根行；4. 无尽行；5. 离痴乱行；6. 善现行；7. 无著行；8. 尊重行；9. 善法行；10. 真实行。

十回向：1. 救护一切众生离众生相回向；2. 不坏回向；3. 等一切佛回向；4. 至一切处回向；5. 无尽功德藏回向；6. 随顺平等善根回向；7. 随顺等观一切众生回向；8. 如相回向；9. 无缚无著解脱回向；10. 法界无量回向。

十地：1. 欢喜地；2. 离垢地；3. 发光地；4. 焰慧地；5. 难胜地；6. 现前地；7. 远行地；8. 不动地；9. 善慧地；10. 法云地。

四善根：指见道以前，观四谛及修行十六行相以达到无漏圣位的四种修行阶位，包括：1. 暖位；2. 顶位；3. 忍位；4. 世第一法位。

四、四十二颗

表示菩萨修行过程的四十二阶位，即十住、十行、十回向、十地、等觉和妙觉。

等觉：又作等正觉，即指在内容上与佛相等，而实际修行上比佛略逊一筹者。

妙觉：指觉行圆满之究竟佛果，系由等觉位更断一品之无明，而得此位。

五、三十六颗

无确切的含义，通常认为是为了便于携带之故。

清乾隆·紫檀雕卷云纹篆扇柄托

六、二十七颗

表示小乘修行四向四果的二十七贤圣位，即前四向三果的"十八有学"与第四阿罗汉果的"九无学"。

十八有学：1. 随信行；2. 随去行；3. 信解；4. 见至；5. 身证；6. 家家；7. 一间（一种）；8. 预充向；9. 预流果；10. 一来向；11. 一来果；12. 不还向；13. 不还果；14. 中般涅 ；15. 生般涅 ；16. 有行般涅 ；17. 无行般涅 ；18. 上流色究竟。

九无学：1. 退相；2. 守相；3·死相；4·住相；5·可进相；6. 不坏相；7. 不退相；8. 慧解脱相；9. 俱解脱相。

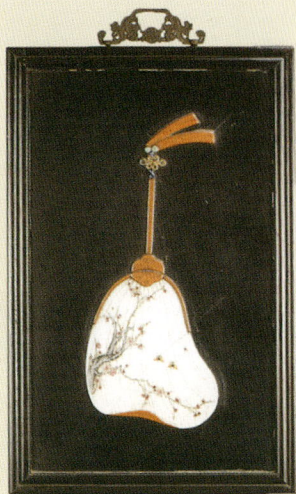

清中期·黑大漆嵌粉彩梅花扇紫檀挂屏

紫檀木起线屏框，通身施黑漆。屏中镶嵌粉彩瓷团扇，扇柄赭色描金，坠金色绳结及红色绦穗。扇面绘蜜蜂梅花图，构图精致，色彩恬淡，逸趣盎然。

七、二十一颗

表示十地、十波罗蜜、佛果。

"佛果"指达到最终成佛的果位。

八、十八颗

俗称"十八子"，此中所谓"十八"指的是"十八界"，即六根、六尘、六识。

六根：1. 眼界；2. 耳界；3. 鼻界；4. 舌界；5. 身界；6. 意界。

六尘：1. 邑尘；2. 声尘；3. 香尘；4. 味尘；5. 触尘；6. 法尘。

六识：1. 眼识；2. 耳识；3. 鼻识；4. 舌识；5. 身识；6. 意识。

九、十四颗

表示观音菩萨与十方、三世、六道等一切众生同一悲仰，令诸众生获得十四种无畏的功德。

十四无畏：1. 使众生返照自性，获得解脱；2. 使众生旋转知见，苟遇火难，火不能烧；3. 使众生旋转观听，虽遇大水所漂，水不能溺；4. 使众生入于罗刹鬼国，鬼自灭恶；5. 使众生

清乾隆·紫檀雕博古图方盒

此盒以上好紫檀雕制而成，木纹疏朗、色泽细润，子母口盖，紧密天成，历经百年磨摩，包浆莹亮。盒盖面精雕博古纹，包括文房器物及吉祥纹饰，雕工精湛，保存完好。博古是所有吉祥器物的统称，器物上绘有的八仙、如意、贡果、花瓶、琴棋书画等具有吉祥寓意的对象都可以叫作博古纹。此盒为博古纹装饰典型代表。

六根消复，临当被害，刀段段折坏；6. 菩萨明照十方，使众生不受药叉、诸幽冥所害；7. 使众生不受虚妄声尘系缚；8. 使众生行于险路如行坦途，遇贼不受劫；9. 使性多淫者，不生色念；10. 使怀忿记恨之人不生嗔恚；11. 使一切昏钝无善心之人远离痴暗；12. 使无子众生、欲求男者，令得生男；13. 使无子众生、欲求女者，即得生女；14. 使众生持观音名号者，所得福德与恒河沙数无异。

伍

养护篇：
紫檀保养

在以前，紫檀木都是皇家才有能力到南洋采办。各国进贡，也进贡给皇帝，很少在民间流存。后来地方上也有紫檀木，但其也是属于地方王公贵族们使用的。到了现代，紫檀才终于开始进入平常百姓家。本章将就紫檀的保养问题进行一番探讨，并就教于方家。

第一节　紫檀家具的保养

紫檀家具是一种由紫檀为原料、结合艺术与个性的古典精品家具，做工精美，售价高昂。在明、清两代，主要为皇家使用。如此珍贵的紫檀木家具，买回家里肯定要好好保养，但是

明晚期·紫檀整挖香盒

此盒近长方形，面平腹浅，器形小巧、周整。紫檀木整挖成型，木质坚密细腻，纹理如细雨牛毫。色泽棕红油润，包浆老旧自然。盒盖与盒身有子母口相扣，盒盖闭合处有一圈阳线浑圆挺拔。此件香盒周身光素无华，衬以紫檀之自身清雅，古韵深远，不俗不燥，是为明式文房用具的典型风格。

该怎么保养呢？

下面，笔者将就紫檀家具的日常保养方法谈一谈自己的看法，以供广大读者参考。

一、尽量避免碰撞

紫檀木家具的表面应避免与硬物摩擦，以免损伤漆面和木头表面纹理，如放置瓷器、铜器等装饰物品时要特别小心，最好是垫一块软布。

搬运或移动紫檀家具时应轻拿轻放，不能生拉硬拽，以免损伤其榫卯结构。桌椅类不能抬面，容易脱落，应该从桌子两边和椅子面下抬，柜子最好卸下柜门再抬，可以减少重量，同时也避免柜门活动。如需移动特别重的家具，可用软绳索套入家具底盘下提起再移动。

明晚期·岩耕制紫檀嵌百宝错金银盂

水盂上正面以百宝嵌出重瓣花卉、磨茗细纹、层叠镶嵌，富吹弹欲碎的冰绡风姿，与紫檀之深沉质地相得益彰。篆书"卷帘见月清兴来"，落"岩耕"款。错金银，又称"金银错"，此工艺发端于春秋，盛行于战国，西汉以后逐渐从青铜器转向更多材质。至于百宝嵌工艺，则据传扬州周翥为创始人。其法以百宝嵌于檀、梨、漆器之上。大而屏、桌，小则砚匣、书箱，五色陆离，难以形容其美。

二、避免外观损伤

1. 绝对不要用湿抹布或粗糙的抹布揩擦。

2．热水杯等不能直接放置在家具表面上，会留下不容易去除的痕迹。

清早期·紫檀大漆花鸟纹文具盒承盘

3．有颜色液体，如墨水等要绝对避免洒在桌面上。

4．因为紫檀素非常易于溶于酒精之中，所以要特别注意，不要将酒洒在紫檀上面。

三、常用方能常新

有人珍惜古物过度，不舍得使用紫檀家具，只作摆设用，却会发现其光泽愈减。

"时时常拂拭，莫使惹尘埃"才是对的。紫檀的神采来自常用常新。紫檀经常被人触摸的地方会光亮异常，包括新做的紫檀家具更是如此。

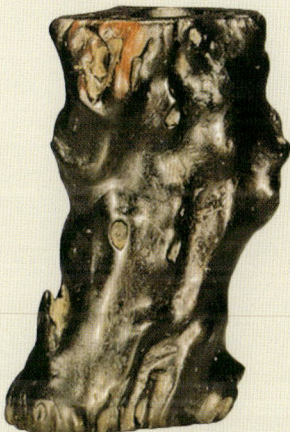

清早期·紫檀随形花插

此器随形作树椿形，表现了树皮皴皱、老干苍劲的风貌，中有内挖孔，用于插花。置之案头，有枯木逢春之意。该花插风格独特，别具匠心，体现自然天成之美，包浆光润亮泽。

四、不要放在过于干燥或潮湿的地方

1．紫檀木材内含水，空气湿度过低时会收缩，过高时会

紫檀 把玩艺术

膨胀，因此不要放在过于潮
湿或者过于干燥的地方，比
如靠近火炉、暖气等高温高
热处，或者过于潮湿的地下
室等地方，以免产生霉变或
干裂等。

　　2. 如果是平房地势较低
的屋内，地面潮湿须将家具
腿适当垫高，否则腿部容易
受潮气腐蚀。

清乾隆·紫檀嵌银丝兽面纹出戟笔筒

五、尽量避免阳光暴晒

　　紫檀是密度很高的硬木，
一般不会遇到虫蛀的情况，
不过，紫外线对其外观还是
有影响的。

　　有人曾做过在臭氧浓度
的环境中、太阳下以及阴暗
环境下紫檀外观变化的实验。

清早期·紫檀花形炉盖

在太阳直射下，紫檀色彩会发黄，而阴的一面色泽依旧是紫
红黑的颜色。所以，若非刻意追求，不要将紫檀器具放置在
太阳下暴晒或是朝南的大玻璃窗前。

六、避免家具变形

　　1. 家具表面避免长期放置过于沉重的物品，特别是电视、

鱼缸等，会使家具变形。桌面上不宜铺塑料布之类不透气的材料。

2. 房间内如地板不平，时间长了会导致家具变形，避免办法是用小木头片垫平。

博物馆陈设的多年未用的紫檀家具，色泽渐显灰暗。

因此，"古玩"这个词还是有很多意思。因此，紫檀需要的正是常常把玩，与玉一样，常在手中玩赏的玉会有异样的色彩出现，越玩越可爱。常常触摸之余，用细布（丝绸、羊绒类织物）擦拭，可以让紫檀越来越明亮，在表面形成透明介质，见光影浮动。

第二节　紫檀串的保养

好东西是保养出来的，紫檀手串也不例外。

一般而言，紫檀的新切面为橘黄色，经过一周左右的氧化，颜色就会发生很明显的变化：从橘黄色到橘红色再到深红色、深紫色。很多人说紫檀后期会变成黑色，那是视觉问题，在光线充足的条件下，你会发现那是紫色。可是，为什么我们会感觉它变黑了呢？

这主要是因为两个方面的原因：一是由于光线不足而造成了视觉上的误差；二是因为我们不懂得保养，而将紫檀珠子弄脏了。我们经常看到有些人每天用手搓，甚至去蹭脸上

清乾隆·紫檀花卉纹器座

分泌出的油脂，要知道那蹭在珠子上的不仅仅是油，还有汗水、粉末以及细菌。这样几个星期之后，珠子看起来就又黑又亮了，表面糊了一层厚厚的脏东西，许多朋友这时候就误以为自己的珠子已经包浆了，这其实是对包浆的一种误解。其实，这种包浆是紫檀保养不当的一种表现形式，它的存在大大地影响了紫檀的美观，使紫檀看上去黯淡无光，丝毫没有那种润泽的感觉。

清乾隆·紫檀雕三足炉座

那么，什么才是真正的包浆呢？其实，包浆是表面呈一层琥珀状的色泽，清澈有荧光，视觉上可入木三分，就是俗话说的，有时候，紫檀可以当镜子照，而不是一层黑黝黝的油泥。

　　那么，如何盘玩紫檀才能达到包浆或者是形成玻璃体的光面的效果呢？

一、用干净柔软的棉布盘

　　布的材质，一般以细腻的软棉布最好，棉布不要沾有油脂，或类如酒精、洗涤液等化学成分的东西，否则，珠子的颜色看起来很不自然。

　　因此，要让大家尽可能把珠子保养出一个好品相，千万不能拿搓澡巾等类似的布来盘珠子。

清乾隆·紫檀雕荷叶纹三足大炉座

二、千万不要过于用力

　　在盘玩紫檀手串的时候力度也是轻柔的，不要过于用力，否则容易损坏珠子的品相。

清乾隆·紫檀镂雕山石座、灵芝兰石座

　　正确的方法应该是轻柔地、一粒一粒地揉搓。这样一段时间下来，就会发现珠子的表面变得日益光滑，触感更好。

三、尽量不要用汗手触碰

这样做的结果就是严重影响珠子的品相。关于这一点，上面已经说过，这里不再赘述。

四、远离酒精

因为紫檀素非常易于溶于酒精之中，所以要特别注意，不要将酒洒在紫檀上面。

此外，如果紫檀保养不得当，开裂也是常见的现象。

清乾隆·紫檀雕覆莲台座

一般而言，木头开裂主要有以下几个方面的原因。

1. 木质较新。如果紫檀是速成林的，那么木头因为速成，自身的密度就会较小，当温度和湿度变化较大的时候，就极其容易开裂。

2. 温度以及湿度差异较大。比如，从阴雨连绵的江南邮寄到沙漠干旱地区，那么，由于木头所处的环境不一样，温度和湿度都发生了较大的变化，所以也极易出现开裂的状况；每年家里供暖开始的时候，也是紫檀开裂高发的时候。

3. 如果戴在手腕上的手串经常见水，比如洗手等经常沾水在上面，那么木质也极其易裂。

木性是很难被控制的，开裂、变形、腐朽等问题多

清乾隆·紫檀五足架几

见，也正是因为木头的上述特点，明清时期的木质家具能流传下来的可谓是凤毛麟角。

虽然我们通常说紫檀的木质细腻，天然防腐，木性小，不易开裂或变形。但这些都是相对其他木质来讲的，并不绝对。实际上，紫檀的开裂问题远在几百年前就令当时的工匠非常纠结，直到今天依然如此。

由于紫檀的木质结构甚密，水分不易流失，因此烘干很难将其木性得到理想的稳定效果，如果选择自然风干到一点木性都没有，以人类的正常寿命，等着把新砍伐的紫檀放到理想状态再去使用，从时间上来说就是等

清乾隆·紫檀雕四足螭虎木托

不起的。因此，这些实属正常现象，很难人为控制，相信很多商家都遇到过客户将开裂的珠子拿回来退换的情况，虽然紫檀珠子的开裂一般来说都是细微的，并不明显，而且多数这样细小的裂纹在后期都能愈合。

由此可见，紫檀开裂是一件很平常的事，所以，当您购买的紫檀物件有一些小的开裂状况的时候，是很普通不过的事情，不要紧张。放置一段时间以后有些小裂纹自己就会慢慢恢复。

清乾隆·紫檀缠枝花卉座屏架

紫檀把玩艺术

第三节　佛珠 DIY 篇

穿佛珠不仅很有讲究，而且也很有趣味。下面为大家简单地讲解一下佛珠的穿法。

一、三通的穿法

下面为大家简单地说一下三通的具体穿法。

1. 准备好弹力线、剪刀、打火机、珠子、细铜丝（细渔线、细铁丝都可以）。

2. 把弹力线内芯往外抽点，用剪刀剪去，把外边的棉线拉直，用打火机烧一下，用手捻一下。

3. 把珠子用导线穿在弹力线上。

4. 将细铜线弯成弧状从三通珠子上边孔穿下来。

5. 把三通珠子穿在整串珠子上边。

6. 把弹力线的一端穿过弹力线，另一端再穿过细铜线的中间。

图 1　　　　　　　　　　　图 2

7. 回抽弹力线。让几个接触点拉到三通珠中间，然后拉三通珠上边的细铜线。

8. 穿上佛塔和小珠子。

图3   图4

图5   图6

图7   图8

图9   图10

紫檀 把玩艺术

二、佛珠手链的打结

越来越多的人喜欢佩戴佛珠手链，而各种材质的佛珠也特别的多，各式各样，有的增加了一些时尚的元素。因此，萝卜白菜各有所爱，人们总是会去寻找那些与自己有缘分的佛珠手链。因为佛珠对于当下的人们来说，总是比平常的手链饰品多了些庄重，它是一层含义，更是一种信仰，也是人们对于内心美好愿望的一种寄托。

有些朋友由于佩戴时不小心把佛珠上的小花结给扯掉了。也想着如何能复原，却不知道怎么来弄。那么，佛珠手链是怎么打结的呢？我们遇到这种问题也是很难回答，因为这个用文字是很难描述的，只有在现实中手把手地教，或者看视频才能学会，我们今天来讲，中国民间比较传统的绳结，也是在佛珠领域中主要应用的绳结。只能在下面简单介绍一下吉祥结的打结方法。

吉祥结打结方法

其实不必要那么担心如何给佛珠打结，因为佛家对佛珠手链的打结方法并没有什么说法，因此可以根据自己的喜好随意打结。一般是可以打中国结，美观又大方，如果觉得打中国结太麻烦不容易学的话，也可以学一个相对简单的"万字结"。其实，佛珠结的花式并不重要，重要的是你用什么样的心去和佛结缘。如果你用的是一颗向善的心，无论怎么样打佛珠结都是最好的。

Tips 1：

高档木材分类表

属	类	学名	特点	产地
紫檀属	紫檀木	檀香紫檀	新切面橘红色，久则变为深紫或黑紫色	印度南部
	花梨木	越束紫檀	红褐色至紫红褐色，带黑色条纹	东南亚
		安达曼紫檀	红褐色至紫红褐色，带黑色条纹	安达曼岛
		刺猬紫檀	红褐色至紫红褐色，带黑色条纹	热带非洲
		印度紫檀	红褐或金黄色，常带深浅相间深色条纹	东南亚、中国台湾、云南、广东
		大果紫檀	橘红或紫红色，常带深色条纹	东南亚
		囊状紫檀	金黄色或浅黄、紫红色褐色，带条纹	印度、斯里兰卡
		鸟足紫檀	红褐或紫红褐色，带深色条纹	东南亚
		变色紫檀	新切面浅黄、黄红或红褐色，久则变为粉红色	扎伊尔、刚果、坦桑尼亚
柿属	乌木	乌木	全部乌黑、浅色条纹稀见	斯里兰卡印度南部
		厚瓣乌木	全部乌黑	热带西非
		毛药乌木	全部乌黑	菲律宾
		蓬塞乌木	全部乌黑	菲律宾

属	类	学名	特点	产地
	条纹乌木	苏拉威西乌木	黑色或粟褐色，带深色条纹	
		菲律宾乌木	黑、乌黑或粟褐色，带黑色及粟褐色条纹	菲律宾、斯里兰卡、中国台湾
崖豆属及铁刀木属	鸡翅木	非洲崖豆木	黑褐色，常带黑色条纹	刚果、扎伊尔
		白花崖豆木	黑褐或粟褐色，带黑色条纹	缅甸及泰国
	铁刀木	铁刀木	粟褐或黑褐色，常带黑色条纹	南亚及东南亚，中国云南、福建、广东、广西
黄檀属	香枝木	降香黄檀（黄花梨）	新切面紫红褐或深红褐色，常带黑色条纹	中国海南
	黑酸枝	力状黑黄檀	新切面紫黑或紫红褐色，带深褐或粟褐色深条纹	缅甸、印度
		黑黄檀	新切面紫、黑或粟褐色，带紫或黑褐色窄条纹	中国、缅甸、印度、越南
		阔叶黄檀	浅金褐、黑褐、紫褐或深紫红色，有紫黑色条纹	印度尼西亚
		卢氏黑黄檀	新切面橘红色，久转为深紫色	马达加斯加
		东非黑黄檀	黑褐至黑紫褐色，有黑色条纹	东非
		巴西黑黄檀	黑褐至紫褐色，有明显黑色窄条纹	南美（主要是巴西）

紫檀
把玩艺术

属	类	学名	特点	产地
		亚马孙黄檀	红褐、深紫灰褐色，带细线深色条纹	南美亚马孙河流域
		伯利兹黄檀	浅红褐、黑褐或紫褐色，有黑色条纹	中美洲伯利兹
	红酸枝	巴里黄檀	新切面紫红褐或暗红褐色，带黑褐或栗褐色细条纹	南亚地区
		赛州黄檀	粉红褐、深紫褐或金黄色，带紫褐或黑褐色细条纹	热带南美洲，特别是巴西
		交趾黄檀	新切面紫红褐色或暗红褐色，带紫褐色或黑褐色细条纹	中国及南亚地区
		绒毛黄檀	微红色、紫红色，带深红褐色或橙红褐色深条纹	南美洲及巴西
		中美洲黄檀	新切面暗红褐色、橘红褐色至深红褐色，带黑褐色条纹	南美洲及墨西哥
		奥氏黄檀	新切面柠檬红色、红褐色至深红褐色，带明显黑色条纹	中国及南亚地区
		微凹黄檀	新切面暗红褐色、橘红褐色至深红褐色，带黑色条纹	南美及中美洲

Tips 2:

《雍亲王题书堂深居图屏》中的古典家具

　　清代《雍亲王题书堂深居图屏》共12幅，只因画幅中绘有雍正为皇子时所号"破尘居士"落款的条幅，所以曾一直被误定为《胤　妃行乐图屏》。朱家　先生据内务府雍正朝档案考证"只是'美人绢画十二张'而已"。因此，将其定名为《雍亲王题书堂深居图屏》似更为恰当。此套图屏是为圆明园定做的，原贴于圆明园"深柳读书堂"围屏上，雍正十年（1732）八月间才传商将其从屏风上拆下来，"着垫纸衬平，各配做卷杆"。因此，图中求实写真的园林景致表现的应是初期圆明园的实景。

　　此套图屏使用工笔重彩，表现出宫廷绘画雍容华贵的审美情趣和仕女画工整妍丽的艺术特色。画家在生动地刻画宫苑女子品茶、赏蝶、沉吟、阅读等闲适生活情境的同时，还以写实的手法逼真地再现了清宫女子冠服、发型、首饰等当时宫中女子最为流行的妆饰。此套图屏不仅是人们研究女子汉装服饰文化最为形象而真实的史料，而且能够使我们领略到康雍年间中国古典家具的绚丽风采。

　　下面将绘有古典家具的图卷附录于后，供大家欣赏、品鉴。